U0594256

拓展训练理论与实践

◎ 李桂英 著

吉林教育出版社

图书在版编目 (CIP) 数据

拓展训练理论与实践 / 李桂英著. — 长春 : 吉林
教育出版社, 2019.3
　　ISBN 978-7-5553-6945-5

　Ⅰ.①拓… Ⅱ.①李… Ⅲ.①拓展训练 Ⅳ.
①G895

中国版本图书馆CIP数据核字(2019)第051918号

拓展训练理论与实践　　　　　　　　　　　　　　　　李桂英　著

责任编辑　韩　颖　　　　　　　　　　　　　封面设计　优盛文化

出　　版　吉林教育出版社（长春市同志街 1991 号　邮编　130021 ）
发　　行　吉林教育出版社
印　　刷　定州启航印刷有限公司

开　　本　787 毫米 ×1092 毫米　1/16
印　　张　15.5
字　　数　360 千字
版　　次　2019 年 3 月第 1 版
印　　次　2019 年 3 月第 1 次印刷
书　　号　ISBN 978-7-5553-6945-5
定　　价　69.00 元

随着中国经济的高速发展和国民收入的不断提高，在物质生活丰富的同时，人们的精神生活也悄然发生着变化，一是人们从对生命存在的关注向重视生命价值和生命质量的转变；二是人们由消极的余暇休闲向积极的体育休闲娱乐方式转变；三是人们由注重心灵的放松和惬意，向注重身心协调发展、充满运动和激情的体验型休闲娱乐方式转变。人们普遍认识到休闲娱乐在生活中的重要价值，休闲娱乐不仅是人们生活中的消遣，而且被当成一种生活的理念、生活的目的。

2007 年，教育部首次把休闲体育专业列入本科生招收目录，标志着休闲体育专业进入高等教育范畴；2011 年，教育部把休闲体育专业列入高职高专招生目录，标志着休闲体育专业人才培养数量进一步扩大。近三年来，职业教育、休闲体育专业迅速发展，2017 年全国职业院校休闲体育专业达到 27 个。

在休闲体育活动中，拓展训练是最受欢迎的一个项目。根据社会需求，拓展训练理论与实践作为休闲体育专业核心课程被纳入国家职业教育教学标准，而现有的拓展训练教材多重视理论的总结，不利于学生掌握拓展训练活动方法和操作技能，以及素质全面发展。为了提高人才培养质量，特编写本书。

本书为了突出职业教育的项目导向和任务驱动的学习模式，作者把以章节为逻辑顺序改为以项目任务为逻辑发展顺序，按照任务分类呈现给读者，以便于读者按照项目任务类别查阅和参考，能够举一反三创造新的项目，应用于拓展训练活动的操作实践。

《拓展训练理论与实践》一书，具有实践内容指导性强、突出实用性和时代性的特点。本书参考并引用了有关专家和学者关于拓展训练理论和实践的学术成果，并得到了有关专家的大力支持和帮助，在此表示衷心的感谢！

由于时间和精力有限，书中难免存在不妥之处，恳请广大读者批评指正。

目 录

实践篇

理 论 篇

项目一　拓展训练概述

————————·((❀))·————————

学习目标

理论目标：了解拓展训练的基本概念、产生和发展的历史背景以及项目分类，掌握拓展训练的基本内涵、理论基础和基本流程，熟悉拓展培训师培训和考核的形式和内容。

实务目标：了解拓展训练活动组织方法、拓展训练活动的项目内容和组织流程。掌握实践操作方法，并能够对拓展训练实践活动效果进行评估。

任务一　拓展训练的起源与发展

一、拓展训练的起源

拓展训练是以身体练习的形式、以自然环境为依托，利用崇山峻岭、浩瀚大川等自然环境，或是空中高架、人工岩壁等精心设计的人工场地，以活动为载体，使人在活动体验中达到"磨炼意志、陶冶情操、完善人格、熔炼团队"的培训目的的活动。拓展训练对个体是一种体验式学习，对团体是一种有效的培训。

拓展训练起源于西方，英文 Out Bound 或 Outward Development，中文译为"拓展"或"外展"。Out Bound 在海军用语中为"出港船只"，原意为一艘小船驶离平静的港湾，义无反顾地投向未知的旅程，去迎接一次次挑战，去战胜一个个困难，这一段故事起源于第二次世界大战期间。当时盟军征集了几十条商船，成立了"大西洋商务船队"参与后勤补给的运输。德国军队却派出"海狼"潜艇集群在大西洋上进行拦截。大西洋商务船队屡遭德国人袭击，许多海员葬身海底，但面对这样的灾难总会有人活下来。人们通过调查研究发现，生还者并不是体能最好的年轻人，而是求生意志最顽强的富有海上生活经验的中年人。于是哈恩

（Hahn）等人创办了"阿伯德威海上学校"，训练年轻海员在海上的生存能力和应急情况下的生存技巧。

哈恩博士是一名教育专家，曾经在德国和英国的私立学校执教。第二次世界大战前，担任德国南方塞兰学校校长期间，哈恩博士首先对学生开展了拓展训练实践教育。由于德国的民族歧视，哈恩身为犹太人遭受不公平的待遇，就从德国移居到英国继续进行他的研究。二战结束后，"阿伯德威海上学校"的功能随之退化，但是一些心理学和教育学专家从这所学校的教育模式里得到启发。随着社会的进步，当人类进入工业化社会，很多管理者和员工不能适应飞快的工作节奏，疲于应对由于竞争带来的复杂的人际关系时，往往会造成思想矛盾、情绪紧张、精神压抑，更为严重的是很多人会做出各种各样极端的举动。于是在英国慢慢形成了以管理者和企业员工为培训对象、以提高管理者的心理适应能力和管理技能为目标的学校。从此，拓展训练再次受到人们的重视，逐渐被推广开来，训练对象由海员扩大到军人、学生、工商业人员等群体，训练目标也由单纯体能、生存训练扩展到心理训练、人格训练、管理训练等。拓展训练从此在世界范围内逐渐开展起来（见图1-1）。

火海逃生 1

火海逃生 2

图 1-1 拓展训练项目 "火海逃生"

二、拓展训练的发展

真正将拓展训练推广开来的是美国马萨诸塞州哈密尔顿维恩哈姆高中校长皮赫（J. Pih）。皮赫将拓展训练的方法应用到学校教育中进行摸索，最终把拓展训练的方法与现存的学校制度结合起来，为教育开辟了新的思路和新的领域。美国比较重视青少年的生存和实践能力教育，美国著名的教育家杜威倡导从"做中学"。在当时的美国，有一些理念比较先进的老师开始尝试对学生进行短期的户外探险教育，包括攀爬岩石、绳类活动等拓展训练活动的实践，活动大多以野外活动俱乐部的形式进行。但是，当时这些教育活动仅限于教师个人的尝试和教学实践，拓展训练没有被列入正规教学大纲，在教学中只能呈现星星之火。皮赫认为仅仅这样是不够的，必须将拓展训练活动方法与高中课程紧密结合起来，并开始寻找解决这个问题的途径。此后，经过多方努力，皮赫获得了联邦教育局长达三年的大规模扶持经费。利用这些扶持经费，他聘请了许多拓展训练活动家、资深教师、教育领域专门职员和学校管理人员，开始联合研究并制定新的课程大纲。在这个团队的通力合作下，新的大纲顺利产生，得到了世人的瞩目和高度的评价。1974年，拓展训练计划被"全美教育普及网络（NDN）"评选为优秀教育大纲，1974年以来在美国高中课程大纲中一直沿用该计划的学校达到90%。1979年，美国的拓展训练专门机构为普及拓展训练开设了拓展训练讲习班，学习拓展训练教学大纲，培养学校的拓展训练专职人员和骨干。此后，又有2 000余名心理指导者和养护教师受到了专门的训练。1982年，负责专门计划普及的工作人员从哈密尔顿维思哈姆市的学校中独立出来，成立了非营利性的团体，开始拓展训练计划的普及工作。他们使普通教育系统以外的团体（大学、基督青年联合会、野外教育设施、企业研修设施等）对引入专门拓展训练计划的热情大大提高，增加专门拓展训练计划的申请也急剧增加。所以，1982年以来，除了高中以外，发展专门拓展训练计划最快的是养护教育和心理治疗领域。私人疗养设施、预防违禁药物使用的设施、美国各州郡的青少年康复设施以及精神病医院也对专门拓展训练表现出极大的关心。从此，拓展训练活动在社会上普及起来，拓展训练机构也如雨后春笋般发展起来（见图1-2）。

图1-2　拓展训练项目"电网"（登山协会供图）

　　拓展训练不能仅仅理解为体育加娱乐，它更是对正统教育的一次全面提炼和综合补充。在美国，拓展训练被列入高中教学大纲，成为中学生的必修课程，侧重于生活能力的提高和心理素质的培养，理论系统完善并强调实践环节。在欧洲，拓展训练是否列入教学大纲，每个国家情况不一，但都较为注重理论和实践的结合，并把拓展训练扩展到企业和其他部门。在日本，拓展训练被称为"集体心理疗法"，主要用于个人心理调适、个体潜能的挖掘和激发以及团队合作精神和能力的培养。拓展训练传入港台后，被加入了不少管理理念，变成人力资源管理的一种手段。现在台湾的中小学都开展生命教育课程，其理念也是拓展训练的教育理念，并且注重实践，使学生在活动体验中达到珍惜生命、提高生活能力、培养意志品质目标。

　　风靡全球的户外拓展训练自20世纪90年代进入中国市场。最早将其引入中国的刘力等人为它命名，并把拓展训练作为"人众人"培训机构的注册商标。由于拓展训练在培训领域所带来的社会价值和震撼性的效果得到社会的广泛认可，欧美、日本、港台的优势都被我们"拿来使用"。在20余年的发展历程中迅速发展壮大，作为一种体验式学习的模式，由于大量运用在培训领域并且以户外活动为主，很多人把它等同于户外体验式培训。但目前的发展并不平衡：重实践、轻理论的现象较为突出；拓展训练机构良莠不齐；拓展训练收费无物价部门审定，从暴利到价格竞争无所不有；培训师缺乏系统知识的培训，水平难以提高；培训师资质没有国家权威部门的认证。令人欣喜的是，国家教育部和国家体育总局已经对拓展训练十分重视，决定在学校公共体育课中加入拓展训练课程，在这个契机下我国部分高校逐步将拓展训练课程引入到学校体育健康课程的体系中来，力图通过拓展训练课程的教学模式和教学内容实现对学生进行身体及心理健康教育的双重目的。一些体育院校根据体育产业发展政策和社会发展趋势设置户外运动专业，把拓展训练作为专业核心课程，培养拓展训练培训师，更多专门人才的培养必将促进拓展训练正规化、正常化的开展。

　　同时，一些国内学者也看到拓展训练的经济学和社会学价值，积极致力于拓展训练的学术研究，学术界在研究中主要有以下理解。

　　毛振明、王长权（2004）等提出拓展训练是现代西方国家的一种新兴的教育方式——体验式学习，是以身体活动为手段载体，以游戏活动为活动形式，以挖掘潜能熔炼团队为目标，进而完善人格的学校教育模式。

　　钱永健（2006）将拓展训练定义为"借助于精心设计的特殊情境，以户外活动的形式让参与者进行体验，从中感悟出活动所蕴含的理念，通过反思获得知识改变行为，实现可趋向性目标的一种教育模式"。

　　陶宇平（2006）、吴禄涛（2008）指出拓展训练是体验式学习的一种，是借助于教育学、心理学、组织行为学等相关学科成果，针对社会需求和学生特点设计出来的一种课程模式。拓展训练是一种在模拟或自然的环境下，让学员体验经过设计的活动项目，接受个人潜力激发和团队凝聚力的挑战，并从中分享得到相关启示的一种课程。

　　韩庭卫（2010）指出拓展训练是现代西方国家一种新兴的教育方式，以体能活动为导引，以心理挑战为重点，以人格完善为目的。除了以户外运动作为其可直观行为外，人们更多地将拓展训练与其他诸多学科联系在一起，诸如心理学、教育学、管理学、社会学、组织行为学、成功学、领导学等。

李娜（2010）认为拓展训练是通过设定一定的情景或在特定的环境条件下，让团队和个人以游戏的方式完成一定的身体活动内容，达到提高团队意识、磨炼意志、开发个人潜能的目的，全面提高身体健康、心理健康和社会适应能力的一种体验式学习方式。拓展训练的理论和实践必将促进拓展训练在中国的科学化发展。

任务二　拓展训练项目分类

拓展训练的项目来源于工作、学习和生活，纷繁复杂，形式众多。人们在实践过程中根据场地设施、学员需求变化以及拓展训练本身的发展，不断地开发和设计出一些新的项目。我们可以根据培训的不同目的和要求来确定和设置不同的项目作为训练科目。

一、室内训练项目

根据拓展训练计划的要求，在室内进行的以智力为主，兼有体力游戏为辅的培训项目，有人称为"头脑魔鬼训练"或"头脑风暴"。拓展训练的"破冰"或"融冰"阶段也通常在室内进行，或遇恶劣天气在室外训练的不安全因素增加的情况下，也常安排一些室内训练项目。这些训练项目是根据培养受训者的相关能力分类设置的，主要有团队建设能力类、逻辑思维能力类、角色模拟能力类、应变能力类、观察能力类、创新能力类、竞争能力类、合作能力类、领导能力类、沟通能力类、激励能力类等。

二、场地训练项目

这是专门为拓展训练而设置和修建的人工场地，通常修建在风景优美、空气清新、远离喧嚣城市的郊外，主要有一些高空架和绳网（见图10-3）。

图1-3　空中单杠（高明塘伙供图）

该类训练项目重在通过参与有挑战性的体育项目，突破心理极限达到培训目标。在方法上主要以体育活动为载体，以心理认知为突破口，以组织行为手段，提高到管理学的高度来分享点评。这类项目的培训目标明确，项目内容经典突出，形式表现活泼多样，具有极大的心理挑战性，学员的体验极为深刻。因此，这是拓展训练的主体。这些训练项目根据培养受训者的相关能力分类设置，如心理素质类、体能素质类、沟通能力类、合作能力类、竞争意识类、创新精神类等。

场地拓展的经典项目有信任背摔、生死电网、成功之路、盲人方阵、穿越火线、有轨电车（旱地雪橇）、捆绑行动、高空单杠、跨越断桥、勇攀天梯、缅甸桥、梅花桩、V 形桩、毕业墙等（见图 1-4）。

图 1-4　拓展训练项目"有轨电车"（百度图片库）

三、野外训练项目

这是把户外运动的项目作为拓展训练的主要科目，利用崇山峻岭、浩瀚大川等自然环境，通过精心设计的活动达到"磨炼意志、陶冶情操、完善人格、熔炼团队"的培训目的。拓展训练本身就是从野外生存发展起来的，因此，户外运动的每一个项目都可作为拓展训练的内容，也可以把若干个户外运动项目串编成一个综合性的拓展训练项目，这都需要根据拓展训练的培训目的而定。由于该类训练有着十分明确的培训目标，在要求上比一般的休闲式户外运动更为严格。由于在难度上有了人为的设计，因而对受训者的体能要求必然会高一些。但是，野外训练项目比较室内项目和场地项目有着更多的不可预测因素，对安全的要求更高，主要项目有登山、攀岩、漂流、速降、溯溪、溪降、野营等。近来一些拓展训练机构创立和使用了"黑暗之旅"或"难忘之旅"的训练科目（夜间紧急集合后，两人结队，其中一人蒙上眼睛，由另一人搀扶并带领其翻山穿林、蹚河过桥，中途两人对换角色，最后到达目的地再分享点评），但必须注意全队的安全和队员的健康；同时还要注意补充睡眠，避免第二天在高空架上由于休息不好发生意外。应注意，休息不好不要进行高架绳网类科目。

四、热身游戏

为了避免受伤，在大运动量的拓展训练项目进行之前，或是在交换场地项目如遇等待时，开展一些热身游戏既可调解训练气氛，又可使筋骨得到活动。这类游戏有擦玻璃、爱的鼓励、暴风骤雨、反口令、价值组合、风中劲草、坐地起身、巧解手链、信任传递、不可能完成的任务等。

任务三　拓展训练的理论架构

一、拓展训练的理论基础

现代拓展训练是以体育活动为载体，以心理认知为突破口，以组织行为学为手段，最终上升到管理学的理论，以此激发个人潜能，增强团队精神。拓展训练的兴起，除了专业机构大力推广之外，还在于其有着深刻的理论基础，适应现代人工作、学习的内在需求和组织变革的新潮流。

（一）认知发展理论

认知发展理论的先驱皮亚杰认为，在认知活动中，个体经历不断地变化以适应外部的环境，这个过程中同时也是内部心理体验过程。拓展训练在本质上是从做中学，在拓展训练中，学习者接受活动任务，并在具体情境活动中探索解决任务的方法，获得体验，这种体验式学习有效促进了学习者高级认知能力的发展。可见，在拓展训练过程中，通过布置任务，为学习者创造适合学习的外部条件和环境，学习者通过自主、探究其作用时产生"学会"。在现实环境中能够应用学到的知识和技能，或者促使学习者的行为发生改变。拓展训练最终要实现这样的目的：通过改变学习者的态度、观念和习惯性行为方式来挖掘学习者的潜能，并促使其将这些潜能运用到实际工作中，带来最优的个人绩效。

（二）体验式学习理论是拓展训练的直接来源

体验式学习是提高效率的有效学习模式。美国凯斯西储大学维德罕管理学院的组织行为学教授大卫·库伯于 20 世纪 80 年代初提出了体验式学习理论。他构建了一个体验式学习模式，即体验学习圈：活动（体验）→发表→反思→理论→应用→活动（体验），依次循环。他认为，看到的信息可以记住 10%，听到的信息可以记住 20%，而亲身体验的信息可以记住 80% 以上，而获得知识和技能的遗忘规律刚好相反。因而，有效的学习应从体验开始，进而发表看法，然后进行反思，再总结形成理论，最后将理论应用于实践。这个理论已经成为很多培训模式和学习方式（包括拓展训练）的核心理论。体验式学习理论对设计和开发终身学习模式有着深刻的影响；同时，对企业如何转变为学习型组织也提供了有益的启示。西方很多管理者认为，这种强调"做中学"的体验式学习，能够将学习者掌握的知识、潜能真正发挥出来，是提高工作效率的有效方式。

（三）建构主义教学思想在拓展训练中充分体现

一种学习方法的产生，具有其深刻的教学思想基础。建构主义是行为主义发展到认知主义以后的进一步发展。建构主义教学思想认为，学习者是学习的主体，由于背景知识和生活经验不同，对同一事物的认识和理解也不同，有效的学习需要从学习者的兴趣出发，从解决实际的问题出发，只有这样，学习者才能产生学习的动力。教师不是单向的知识传递者，其作用在于为学习者提供丰富的学习情景，帮助和指导学习者建构自己的经验，并引导学习者从直接经验中进行学习。建构主义教学思想还鼓励教学信息的多方向流动，而不只是从老师到学习者的单向流动。可见，建构主义教学思想提倡的学习方法是在教师指导下以学习者为主体的学习。反观拓展训练，无论是学习情景的设置、学习者以主体身份通过活动的体验，还是培训的指导、团队成员之间的交流和最终成果的形成，都充分体现了建构主义教学思想的学习主体观、教师观、学习观和教学观。

（四）管理知识和管理艺术是拓展训练的应用理论

拓展训练的团队交流与沟通、集体互助解决问题、把所得的体验和理论运用于实践，无疑都反映了管理专业学习的三个特征。为了实现管理专业的学习目的，拓展训练的课程都是针对企业的需求，根据企业内部存在的问题精心设计的。它整合了企业管理的理论精华，并将其巧妙地融入各个项目的实施过程中，让学习者在快乐的体验中领悟、检验并提升管理技能。拓展训练为学习者创造了一种全新的学习环境，学习者的管理理论在现实的模拟场景中得到了充分的应用；同时，通过培训师的引导，学习者也不断整合自己的知识，并迅速将其转化为行动。培训虽然没有直接给学习者灌输知识，但训练所引发的心灵感悟让他们受益无穷。

与其他学科相比，管理知识的学习表现出三个明显的特征：

（1）重视交互性强的参与式学习。这是由管理的科学性和艺术性特征决定的。

（2）重视合作学习。管理工作与沟通密不可分，管理教育与合作学习也密不可分。

（3）重视理论与实践的密切结合。这是感性认识和理性认识的递进与循环过程，是管理的实践性在拓展训练中的充分体现。

（五）积极的团队精神是拓展训练的理论精髓

现代企业在注重学习、努力把企业塑造为学习型组织的同时，优秀的业绩越来越取决于工作团队的表现。拓展训练项目一般是以团队的形式完成的。拓展训练中各种精心设计的活动使团队成员在解决问题、应对挑战和相互交流的过程中，实现"激发潜能，熔炼团队"的目的。所以，拓展训练对培养学习者的团队精神和合作意识，对改善人际关系，对形成积极向上的组织氛围和改进组织内部的沟通与信息交流等都大有裨益。

通过对以上理论的分析可以看出，源于体验式学习理论的拓展训练，通过"教"与"学"的主动换位，将建构主义教学思想具体化，弥补了传统教学模式的缺陷和不足。同时，无论是在学习管理知识、体会管理艺术方面，还是在培养团队精神、促进个人全面发展方面，都是一种有效的学习方式。可以说，在这种素质拓展训练中，培训师在整个培训过程中扮演的角色是引导者，学员才是真正的讲师和主角：讲解自己的看法、观念，进行团队之间的沟通、讨论、升华，把自己的观念付诸行动，从而最终改变自己，完善团队。

二、拓展训练的理论要素

拓展训练的理论过程是实践→认识→再实践→再认识的过程。在此过程中的理论要素主要有以下几项。

（一）明确的目标是团队行为的激励因素

目标是个人或团队要达到的行为目的。为了达成目的，个人和团队都要设定目标。在拓展训练的"分析讨论"中，目标的设定及有关的约定是团队有效发挥作用的重要因素，通过具体目标的约定会增加自己改变现状的决心。所谓"约定"包括与身体安全和心理安全有关的原理和约束，也包括团队成员相应的权利与义务。如果能很好地进行目标的设定，每一个团队成员就能在活动中把握好自己团队的目标是什么，分解到自己的目标又是什么。参与自己目标设定的程度越深，就越能更积极地学习，还能降低逃避责任和临阵脱逃的可能性。通过设定目标，团队成员就不会拘泥于过去而更关注现在和将来，并逐渐养成为解决问题制订计划的习惯。所以，在每一个项目开始之前，要给受训学员一定的时间准备，这就是要他们明确目标、制订计划。这一活动从"破冰"就开始了。

（二）信赖关系是团队成员情感的纽带

信赖关系是团队成员在相互依存、密切合作、保证团队凝聚力的基础上参加各种项目。在活动中信任同伴，确实感受到当时在场人员的存在，通过身体的亲密接触建立起同伴之间的信任关系，为所有参加者寻求一种信赖关系是拓展训练的显著特征。人在进入复杂的心理性、社会性的信赖关系前，首先要建立起身体性的信赖关系。随着拓展训练项目的展开和不断深入进行，可能会出现挑战活动在众人面前出丑或失败的问题，而建立起人与人之间的信赖关系就成为解决这一问题的基础。当人们之间建立了信赖感，他们就可以更直接地表达自己的感情。人们之间若没有信赖感，就不能维持人际关系。

信赖行为不仅意味着学习确保安全的技术，而且在提高团队联系、建立同伴之间信赖关系方面也是非常有效的。成员通过信赖自己团队的方法，可以理解勇于面对困难的态度与自己的成长是密不可分的。可以说，所有社会关系多是以信赖关系为基础的。拓展训练计划的优点在于具备了实践信赖关系的特征。"信任背摔"（见图1-5）、"电网""坐地""亲密接触"等项目就是通过身体的接触来确立信赖关系。

图1-5 信任背摔1

（三）压力变动力突出团队的挑战精神

在拓展训练活动中，有的项目乍看上去会感到危险，认为那是不可能完成的目标，心中感到压力很大。但是，通过适当的计划和正确的指导，许多人完成了看似不可能完成的目标，得到一种刻骨铭心的体验。在拓展训练中，对压力的有效处理方法，不是回避压力，而是挑战压力，采取面对困难的正确态度和设想好的结果可以体验到良性压力。良性压力是指生理上的平衡的压力，是有益于身心健康的压力。拓展训练中非常慎重地设定一些看起来十分危险的、使参加者感觉到压力的活动，但绝不是追求惊险感觉的活动，而是建立在个人和团队的目标基础上，把困难状况下的压力转变为"良性压力"。通过个人与团队的共同努力，克服一个个困难的课题，体验达到目标的喜悦转化而来的强烈的成功感。这种成功的体验是以自信和积极的态度面对事物和困难的基础，培养出这种自信和积极的态度就是拓展训练活动中最重要的因素之一。

（四）高峰体验促使人们真正认识自身的潜能

在拓展训练中，高峰体验是进行某种机能学习或进行某种活动的努力过程中所获得的最高体验。通俗地讲高峰体验就是拓展训练的参加者在活动中"真正认识了自己"、"在自己身上找到了自信"的那种"最满足、最幸福的瞬间"。这样的瞬间是具有意义的、愉快的瞬间。美国的人本主义心理学家马斯洛把高峰体验称为最肯定的自我同一体验，认为人可以数次感受到这种高峰体验。通过多次体验建立生活、学习和工作自信，拓展训练指导教师就是充分利用这一教育机制，让每一位受训学员感受高峰体验，去拥有自信，真正认识自己的潜能。在强化每个成员与团队之间联系的同时，高峰体验也成为最有效的途径与手段。综合高峰体验的效果与拓展训练的过程，可以发现拓展训练活动对人的认知、品质的培养乃至性格的改善都是有效果的。通过强烈的体验，拓展训练的参加者不知不觉间提高了对事物的认知和感悟，也探寻到生活与工作的智慧和真谛。拓展训练中能否让受训学员感受到高峰体验，这也是拓展训练质量的一个评析点，也是拓展训练指导教师或拓展训练机构水平高低的一个衡量标准。

（五）幽默愉快形成良好的心理氛围

在拓展训练中，开展团队活动具有幽默感是很重要的，时常设置能让人坦率地笑出来的情节是非常有效的。现代生活充满高速度、快节奏、强压力，人们常处于一种亚健康状态，心理压力需要缓释，心理郁结需要疏通。从培训角度讲，拓展训练就是要改变传统教育的"我讲你听""我说你做"的方法，任务布置、规则明确后，以幽默的方法来调节训练气氛，让拓展训练的参与者在轻松愉快的氛围中进行活动与学习。从户外运动的角度讲，就是要让拓展训练的参与者在活动中忘却烦恼与压抑，感受高峰体验的瞬间，获得战胜困难后的成功喜悦，通过实现树立自己的自信心，从而使心理压力得以释放，心理郁结得到疏通。有些拓展训练指导教师喜欢绷着脸搞训练，以显示自己的威严，但结果总是事与愿违，搞得团队气氛紧张，加厚了人际"心理坚冰"。

（六）解决问题是拓展训练的初衷和目的

拓展训练中的每一个项目都会涉及解决问题。一般的应对方法是认识问题、分析问题，然后寻找几个解决方法，通过"优化整合"，从中挑选出最佳方案，为行动的实施做好必要的准备。在拓展训练中参加者必须与团队同伴一起解决问题，特别是在解决困难时团队合作尤其重要。参加者先获得问题的条件和安全的标准，然后寻找最佳方法去解决问题。但是解决问题并不是唯一的，通过活动，参加者会充分感觉到为了解决问题，有必要掌握解决问题的方法与技能。在解决问题的过程中，体验是很重要的。为了学习解决问题的技能，参加者必须综合运用自己的身体、精神和情感因素，全身心地投入。拓展训练非常重视团队活动的经验，通常在活动中会安排一些掌握解决问题的技能的项目，让参加者从设置的活动中尝试新学到的技能，并在反复尝试中培养解决问题的自信心。活动后参加者可以通过回顾团队活动进一步分析学习方法，以便更扎实地掌握解决问题的方法和技能。在这些愉快的活动中，参加者掌握了解决问题的方法和技能，即使所有成员离开了团队，在日常的生活与学习中也能主动地应用所学到的技能，这是拓展训练的初衷和目的。

三、拓展训练的显著特点

（一）综合活动性

拓展训练的所有项目都以体能活动为引导，引发出认知活动、情感活动、意志活动和交往活动，有明确的操作过程，要求学员全身心地投入。

（二）挑战极限

拓展训练的项目都具有一定的难度，表现在心理考验上，需要学员向自己的能力挑战，千方百计跨越"极限"（见图1-6）。

图1-6　跨越断桥（高明塘伙）

（三）集体中的个性

拓展训练实行分组活动，强调集体合作，力图使每一名学员竭尽全力为集体争取荣誉，同时从集体中吸取巨大的力量和信心，在集体中显示个性。

（四）高峰体验

在克服困难，顺利完成课程要求以后，学员能够体会到发自内心的胜利感和自豪感，获得人生难得的高峰体验。

（五）自我教育

教员只是在课前把课程的内容、目的、要求以及必要的安全注意事项向学员讲清楚，活动中一般不进行讲述，也不参与讨论，充分尊重学员的主体地位和主观能动性。即使在课后的总结中，教员也只是点到为止，主要让学员自己来讲，达到自我教育的目的。

（六）提高素质

通过拓展训练，参训者在以下方面有显著提高：认识自身潜能，增强自信心，改善自身形象；克服心理惰性，磨炼战胜困难的毅力；启发想象力与创造力，提高解决问题的能力；认识群体的作用，增进对集体的参与意识与责任心；改善人际关系，学会关心，更为融洽地与群体合作。学习欣赏、关注和爱护大自然。

项目二　拓展训练的课程体系

———— ·«(❋)»· ————

学习目标

理论目标：了解拓展训练课程分类、不同拓展训练的课程特点，以及如何根据不同客户需求设计拓展训练方案。

实务目标：了解不同拓展训练方案的设计活动组织方法、拓展训练活动的项目内容和组织流程。掌握实践操作方法，并能够对拓展训练实践活动效果进行评估。

任务一　拓展训练的课程分类

一、按照课程时间分类

按照课程历时长短拓展训练课程可分为长课程和短课程。长课程一般为 1～3 个月，内容包括体能训练、安全教育、定向运动、野外生存等活动。这种课程国外开展较好，主要是针对青少年，因为国外既有一定的群众基础，资金来源渠道也广。

长课程是一项艰苦的体验，许多人会中途放弃，希望这时候能够得到家长的配合和支持，并鼓励孩子完成体验过程。许多青少年在坚持下来之后，家长发现他们确实发生了惊人的变化，尤其是那些有不良习惯的孩子，其态度、意志力以及自我认知、与人相处等方面在活动前后差别显著。

在中国由于应试教育的大环境，家长认为学习文化知识超越一切，孩子的社会适应能力可以长大后再适应，所以虽然长课程可以磨炼青少年的意志品质，但是组织长途行军课程参加者很少，中途退出者也屡见不鲜，这与我国的文化环境不无关系。

短课程一般为 5 ~ 16 天，活动往往选择长课程的一两个主体项目进行，或者以参加拓展基地的各种活动项目为主。短课程能够使学员保持更大的参与热情，如果能将野外活动与拓展基地的活动结合则效果更好。对于青少年主要以冬令营和夏令营的形式开展活动。

二、按照参与主体不同分类

按照参与主体不同可以将拓展训练课程分为企业拓展课程、学校拓展课程、亲子拓展课程等。

（一）企业拓展课程

主要面向企业以提高企业管理和员工工作效率为目的的培训。企业管理课程是针对企业管理者开设的，对于企业来说，管理者的管理能力是第一竞争力。只有不断提升管理者的能力和管理水平，才能提高企业的核心竞争力和企业的运营效益。目前，对于总裁班课程设计值得关注，企业管理者的领导方法、领导风格对企业拓展培训课程设计有很好的启示作用。

对于企业员工来说，如何利用拓展培训课程提高员工的工作积极性、敬业奉献精神、良好的团队意识以及工作习惯和作风，对企业的发展同样至关重要。

（二）学校拓展课程

学校拓展课程是指在全国大中小学校开设拓展训练课程。学校拓展课程主要以场地训练为主，历经 20 年的发展，全国已经有近 200 所中小学开展了拓展训练课程。截至 2016 年，全国已有 100 多所高校搭建了高空拓展项目训练架，在学校全面开展拓展训练课，高校拓展训练课程主要形式是场地项目和游戏类拓展训练，结合校园定向和校园寻宝活动综合进行取得较好效果。还有一些体育院校开设社会体育专业和休闲体育专业，把拓展训练列入专业培养计划中，有的甚至作为核心课程开设，拓展训练在高校的发展前景很好。

（三）亲子拓展课程

现代社会是知识经济的社会，家长也迫切认识到，知识能改变命运，所以，孩子从小就进行早期开发智力。很多青少年的教育培训是围绕各科课程全面展开，青少年机械地去学这个学那个，违背了青少年的教育和成长规律，违背了他们身心全面发展规律，结果是部分青少年为学业成绩而孜孜不倦，备受家长和老师的宠爱；部分学生因为先天智力不够、后天个人努力不够等对学习充满畏惧和厌倦之心，饱尝歧视之苦。再看其独立意识、自理能力、感恩之心、价值观、荣辱观、知书达理、修身养性等素质，更令人忧心。

青少年是一个国家和民族发展的未来和希望。党和国家始终关心少年儿童健康成长，充分利用实践课程拓展孩子的心理和智力发展，使学生真正达到知、情、意、行的合一，把死的知识变成自身的素养和能力。

在亲子拓展活动中，利用和孩子一起参加活动，共同解决问题的时候，发现孩子的优点和长处以及自身的不足。根据多元智能理论，使青少年和家长懂得，人的智能是多元，每个人的智能结构是不同的。家长要了解孩子的智能结构特点，有目的地扩大优势，开发不足，而不能盲目地按照家长自己的理想去过度开发。

父母和孩子存在代沟缘在于互相缺乏理解，站到自己的立场上去想别人，要求对方按照自己理想的方式去做，总是互相挑剔，互不满意。如果能够换位思考下，给双方一个表达自己、表现自己的机会，并且互相鼓励，互相感动，关系就会和谐。

利用亲子活动培养孩子良好的家庭观念，在亲子活动中，创设情境。面对共同的任务，需要家庭成员之间协调配合，通过每个人的努力，以及互相之间的关心、鼓励、帮助取得成功。在一次"风雨人生路"的活动中，一位母亲感动得失声痛哭，她说从来没有发现孩子有这么可爱的一面，平时她说什么，女儿总是下意识的反对，由于女儿的语言很激烈，母亲基本放弃与她沟通。在"坎坷"的人生路上，在母亲很无助的情况下，女儿使出浑身解数，细心地给母亲指导和呵护，感动在母女心中传递，活动结束后母女激动地抱在一起庆贺成功。这个场景感动着现场的每个人。

当今的社会，父母给孩子太多爱的同时也给他们太多的压力，剥夺了孩子表现自己、锻炼自己的机会。与其抱怨现在的孩子身在福中不知福，不知道感恩，衣来伸手、饭来张口，不如反思是我们的孩子不好，还是我们的教育方式不对。给孩子一些自由，让他们在实践中面对失败，积极反思，吸取教训，为以后的成功获得经验。

亲子活动中，面对共同的任务，家庭成员共同努力，互相安慰，加油、鼓劲。活动结束后分享环节，一定要强调把这种做法和情感体验渗透到家庭生活中，渗透到孩子学习和生活的管理过程中，这样亲子活动才具有现实意义。孩子在生活中不断体会父母的关爱和帮助，体验感恩和感动，逐步加深家庭观念，在不知不觉中孩子养成了同理心。当父母生病的时候，家庭遇到困难的时候，他们将不再坐视不管、不再抱怨，而是积极主动地想办法解决。

青少年健康成长必须对自己有个正确的认知，自己悦纳自己，对自己的学习和生活充满自信，并为得到老师、家长和小朋友的认可而努力。他们遇到事情和问题的时候能够采取适合自己的能力结构方式，也能够接受事情和问题的结果。

在个人项目中，如高空断桥、高架网绳、定向寻宝等活动，引导青少年克服自身的局限，提高生活的能力，获得成长和成功的高峰体验，并在分享的过程中发现自己的优点、不足，让他们明白尺有所短、寸有所长，每个人都有短板，生活里都有黑洞。不要把自己当做圣人，也不要用圣人的标准来衡量，自己就是一个乐观向上的人，生活里充满喜怒哀乐！他们不但要有这些认识和想法，还要充分地表达出来。为了减轻他们表达的压力，可以从简单开始，如从表扬自己一句、批评自己一句开始，量力而行。

这样孩子有了正确的自我认识，对自己有了理解和把握，在学习工作和生活的过程中能减少不了解自己带来的伤害。培养孩子良好的自我意识，对于克服自我紧张、完善人格，培养自信等都起着良好的促进作用。

正因为亲子活动有其独到的教育作用，目前很多拓展培训企业主要的培训市场就是青少年和亲子活动。

三、拓展培训师培训课程

拓展训练课程作为一种体验式学习方式受到社会的青睐，催生了拓展培训师培训市场和拓展培训师培训课程。在商业培训机构中，很多机构一直致力于培养拓展培训师，一些开设社会体育专业和休闲体育专业的学校也与企业合作，培养拓展培训专门人才，拓展培训师数量上有了一定程度的增长。在中国人力资源与社会保障部、国家体育总局、教育部、团中央等部门领导下，北京大学、天津大学、首都体育学院等多所高校共同举办了三十多届高校拓展培训师资培训，培养了1 000多名一线拓展培训师。近些年，全国多地建设青少年社会实践基地，中小学拓展培训师培训也迅速增多，20多个中小学拓展培训师培训班为中小学拓展培训课程的发展奠定了师资基础，拓展培训师数量有了一定程度的发展。但是面对日益发展的户外运动产业来说，拓展培训师资人才缺口还是很大。

任务二 不同拓展训练的课程设计

一、拓展训练课程设计模式

课程模式包括相对稳定的过程结构和相应的课程方法体系，是体现某种教学思想的教学程序，主要体现在拓展训练课程设计上。

分析拓展培训对象组织结构特点，了解学员需求和企业培训目标的基础对拓展培训方案进行规划。

拓展训练课程设计要以整个团队的学习目标为主，课程项目要有可操作性和适用性。课程设计要从学员和培训师两方面考虑，并让所有的拓展培训师都了解此次培训的目的。课程设计要有整体性，为了提升课程效果，可以为拓展培训师留有一些自选项目的机会，使整个课程既有系统性和整体性又具有个性特点。

（一）团队融冰热身

在培训开始时，团队热身活动将有助于加深学员之间的相互了解，消除紧张，建立团队，以便轻松愉悦地投入到各项培训活动中去。

（二）个人项目

本着心理挑战最大、体能冒险最小的原则设计，每项活动对受训者的心理承受力都是一次极大的考验。

（三）团队项目

团队项目以改善受训者的合作意识和受训集体的团队精神为目标，通过复杂而艰巨的活动项目，促进学员之间的相互信任、理解、默契和配合。

（四）回顾总结

回顾将帮助学员消化、整理、提升训练中的体验，以便达到活动的具体目的。总结使学员将培训的收获迁移到工作中去，以实现整体培训目标。

具体的内容设计比较理想的顺序应该是以破冰项目开始，尽快让学员和学员熟悉起来，学员和培训师熟悉起来，安排消除一些拘谨的项目，鼓励学员在参与活动过程中打破人际坚冰，温暖和谐的人际关系是良好的开始。

破冰之后就是团队建设，按照团队发展的四个阶段，从形成期开始，建造一个有典型特点的团队，为其后面活动更好开展奠定基础。目前比较常用的方式是"旗人旗事"活动，就是选队长、队长秘书、确定队名、队训、队歌、队徽等，以及在团建过程中队员的个性化介绍或是表白使团队内部加深理解，提高熟悉程度，营造良好的氛围。有了前面的铺垫可以安排一些培训任务，团队成员在任务达成的过程中建立信任、依赖形成团队全方位价值契约。

▶▶ 案例：团队建设的全方位价值契约理论

什么是团队？所谓团队是员工和管理层组成的一个共同体，该共同体合理利用每一个成员的知识和技能协同工作，解决问题，实现共同的目标。团队现象已成为当今企业管理中的一个热点现象，团队最早出现在日本，由于团队管理产生了巨大的效益，使其得到了快速的发展。

一个团队从发展到成熟要历经四个阶段：

在团队发展的四个阶段里，团队从完全没有规范、没有共识、不知道方向的形成期，一个阶段、一个阶段地走向成熟期。任何团队在这个过程中都会产生一套彼此之间共存的模式，这个模式为每个人所遵守、因循，但并不为大家所知。比如，每次甲的发言都没有注意，于是甲就不在发表意见；某乙每次的发言都被大家认同，每次讨论的时候某乙都积极发言。总之，在团队发展过程里，每个人都会有一个方式与团队里其他人互动，这样一个过程是很微妙的。在体验式学习的过程中，团队的发展是开放的，所有问题都有可能被提出来讨论，所以我们在开始的时候就带领团队成员去思考这些问题：他们希望如何在一起工作？希望如何彼此对待？个人有什么特别的需求要别人关注？这样的运作方式便叫作全方位价值契约，可以有效协助团队的运作和发展，伴随着团队的成熟和发展会有新的全方位价值契约产生。全方位价值契约可以配合团队的发展阶段慢慢讨论并提出，并非在开始的时候全部要讨论出来，如安全问题在初级阶段可以提出，到第二和第三阶段才会被建立。

全方位价值契约的目标是为了创造一个让每个团队成员在生理上和心理上都感觉到舒适的气氛，如此在面临挑战任务时，可以不用害怕被嘲笑和冷落，也可以让所有团队成员感到被重视，而且能够在每一次的团队决策中发出他们的声音（不见得是他们的决策和意见，也可能是别人提出的而他们认同，也可能是都没有提出只有自己提出）。全方位价值契约应该是用来提醒所有团队成员，完全尊重自己、他人及团队的决策过程。

全方位价值契约是帮助团队达成目标以及激发个人学习的有效方法，更重要的是每个人都感到被尊重。在全方位价值契约下，当个人明确决定要达到某些目标时，或当目标确立的过程及个人在行动规划的时候，团队成员间可以互相帮助，以达成目标。

二、拓展训练活动组织流程

拓展训练不是随心所欲的游戏，而是一项科学严谨的活动。拓展训练活动组织流程主要有以下几个方面。

（一）拓展训练的前期准备

要实现拓展训练活动的目的和目标，必须具有出色的提案书以及有效地实施计划。而制订好的实施计划，就需要了解受训单位的目的要求和受训学员的基本情况。了解受训学员情况是为了推测组织训练所必需的条件以及效果的可能性，应对受训学员进行细致的评价和分析，必要时还应进行问卷调查，要和受训单位达成共识。

（二）培训方案的制作

训练的设施等条件具备后，还必须制订计划决定一些事项。最好以计划书的形式将其具体化、书面化，通过写计划书可以进一步发现问题。制作计划书时，必须考虑以下几点：

（1）准备理论根据。解决什么样的问题和设立什么样的设施，要有明确的有说服力的理论根据。

（2）目标。拓展训练中的各个小组的具体目标是否明确？目标是否可以实现？是否具有目标进展情况的方法？

（3）时间上的具体事项。例如，训练日程表、训练时间的长短、小组的持续期间、经费预算和用地、设施的确保等问题。根据需要还要考虑训练所必需的保健和饮食的计划等。

（4）指导体系和训练计划。要考虑训练计划及其所必需的预算；要考虑担任小组指导的教师是否具备足够的经验和能力；还要考虑实施计划过程中的专家指导意见以及相应的条件是否已经具备。

（5）评价。回顾和分享是否能达到目标的具体评价方法，有没有设置有关的讨论。

计划的概要做好以后，还要不断充实和完善，然后要进行一下检验，可以先在计划的框架范围内进行一下活动看看效果。另外还要从多方面搜集尽可能多的有用材料，可准备在拓展训练中作为参考的幻灯片、录像带、光盘，以及建立与其他一些计划的网络连接等。

（三）组织内部的协调

在充实、完善计划的同时，还要注意与其他部门加强协调。这本身就像拓展训练中的"绑缚关系"，为了确保计划的万无一失，拓展训练各部门必须紧密团结在一起，相互帮助，相互支持，以高效的团队形象为受训学员做出表率。

（四）活动的指导

不管是准备什么活动，也不管选择什么计划，如果没有确立良好的指导，计划就不可能有效地进行。虽然在拓展训练中学员是训练的主体，居于主导地位，但是，指导教师的能力和意愿以及指导经验和指导技巧，是决定计划成败的关键。在拓展训练中，技能技巧是可以教授的，经验却是不能教授的，经验是一种积累。所谓拓展训练经验，是指在现场"经历过"了各种各样的活动。虽然经历过，但并不意味着就能够指导小组活动或成为指导教师。因此在拓展训练中，要安排技巧的学习和经验的讲习会，这就是我们常说的回顾与分享。教师的指导技能的确是特定的拓展训练活动中所不可缺少的要素。教师要从各个不同角度致力于个人问题的解决，让每个受训学员都能在敞开心扉后热衷于各种课题和其中的体验，这种体验会结成生机勃勃的人际关系。指导教师还应留心不断挑战新的体验，这并不仅是学习新的技能，而是通过进一步积累经验，再次确认教授给受训学员的拓展训练活动的基本要领。要搞好拓展训练，必然要求指导教师有较高的思想素质、身体素质和知识素质，必然要求指导教师熟练掌握培训的基本技巧。高度的自信是奠定培训的心理基础；清晰的目标是指引培训成功的方向；严格的管理是保证培训的纪律原则；热情的关心体现培训的人文精神；创造与出新展现培训的基本宗旨；分享与点评突出培训的收获成果。

（五）在给定的条件中进行优化组合

任何计划都有长处、短处，都不能够完全实现。作为拓展训练指导教师或拓展训练机构，要看清楚哪些活动是能够进行的，然后竭尽全力去做。在此基础上若还有余地，也可以增加一些活动，将拓展训练课程的种种设计按照设施的实际情况来进行变更。计划只有活用到了设施上才有意义。在此基础上，再将计划落到实处，变成能够实现的东西。

三、拓展训练课程实施流程

拓展训练是在一定理论指导下的实践过程。在此过程中应根据体验式学习和人的认识规律一个环节接一个环节地进行，努力做到前后连贯，环环相扣；还必须突出拓展训练的特点和独特的魅力。

（一）场地器材的布置

拓展训练课程常常需要一些场地和器材，如信任背摔需要背摔台；求生要求生墙；高空断桥需要高空架，盲人方阵需要一些眼罩和一条长绳子等。

（二）布课

课程的布置要用简洁的话语介绍项目的名称、性质、任务、时间、规则要求等，如果语言表述有些困难就结合示范进行讲解，拓展培训师创设情境还要进入情境，如介绍电网的时候不能触碰网绳，介绍雷阵的时候，俨然雷区就在眼前，不能在雷阵图上走来走去，破坏了真实环境的感受。布置课程的时候最好按照时间和空间顺序进行介绍，学生听起来条理清楚，也知道先做什么再做什么。布置课程忌讳拓展培训师任务和规则要求不清晰，做的过程中出现问题再补充和更改规则的现象。避免出现这一现象，需要课前准备充分。

（三）项目体验

大卫·库伯提出的体验式学习理论的流程表现为体验学习圈：活动（体验）→发表→反思→理论→应用→活动（体验）。但从人们的认识规律来看，拓展训练结构的理论涉及人的感知的体验、分析综合的思维、解决问题的行动等各个侧面，其三者关系为：活动体验（感知）→综合分析（认识）→解决问题（行动）。以上关系在拓展训练中具体表现为五个既独立又密切联系的标准流程：体验→感受→分享→总结→应用。

拓展训练关键的第一步——体验。体验教育是拓展训练的专门术语，也是拓展训练活动中必不可少的内容和不可逾越的阶段。任何一个训练项目的开始都是学员在培训师的指导下经历一种模拟的场景，去完成一项任务，并以观察、表达等形式进行，这种初始的体验是整个过程的基础。拓展训练中所进行的各种活动是体验型的实践活动，它可以与各种有不同理论背景的指导方法结合起来。拓展训练机构都可以根据受训团体的预定目标来制定训练课程大纲，也可以根据各自的环境和条件来设计训练课程大纲，还可以根据各种专家的立场去应用课程大纲。也就是说，不同的拓展培训项目可以达到同一个培训目标；同一个拓展训练项目，不同群体去做或不同的培训师去组织会呈现出不同的效果。

学员在拓展训练中置身于模拟的场景时，容易得到最真切的感受。这种感受是全方位的、活性很强的、印象深刻的。每一位学员由于自身认识水平有高低、认识问题的角度或切入点不一致，人们在活动的体验中会产生各种各样的看法。在这些不同看法的影响下，活动的结果有可能是成功，也有可能是失败。我们没有必要强调活动的成功与失败，但要引导受训学员从失败逐渐走向成功，要通过"成功"活动的体验，让人们有亲身感受，获得第一手资料，这是认识的初级阶段。这正是拓展训练活动的魅力所在，也是拓展训练活动能够适应多种实用性问题和多种现实需要的主要原因。这一阶段中，受训学员可以充分表现，拓展训练指导教师只是根据事先规定好的规则，把握和控制活动进行的时间和节奏。

体验的过程就是学习的过程，一般来说拓展培训师会尽量给学员们一个完整的体验过程，一个能够自由其能力和挖掘其潜力的机会。如果遇到难度大的项目，为了保持学生的参与激情信心，拓展培训师在课程体验过程中一般遵循自然体验—技能介入指导—心理调适—分享回顾等环节。

（四）分享回顾

主要采用回顾的方式进行信息的交流，让受训学员把自己的看法、感受与同伴分享。通过分享与交流，每个人站在自己的角度把活动体验过程中经历的最有意义的片段进行回顾梳理，从而使学员对事物的认识有一个较清晰的轮廓。在一个团队中，每个人都把自己的切身感受谈出来与同伴分享，分享活动过程中的感恩和感动，分享成功和成长的喜悦。在这样的过程中，每个人不但从他人的回顾中得到数倍的经验，而且融入一种理解和被理解、感动和被感动的氛围里，这也是拓展训练的一大魅力所在。在这个过程中，拓展训练指导教师会鼓励学员积极发言，灵活运用提问等技巧引导大家的思维在原有观点的基础上更进一步，群策群力，使众人的观点向着正确的方向前进。

（五）总结和应用

通过分享，我们对拓展训练的体会有了初步的认识，这时就需要把人们已获得的认识上升到一定的理论。拓展训练指导教师根据大家讨论的结果，结合相关的理论知识进行归纳总结，把学员的认识从感性认识提高到理性认识。作为拓展训练的指导教师应按拓展训练预定的培训目的进行讲解和点评。这时进行理论讲解，就使有亲身体验的学员比较容易听进去了。拓展训练指导教师自身的理论水平如何，直接影响到拓展训练的整个效果，这是拓展训练成功与否的关键。组织活动项目几乎人人都会，讲解与点评才真正反映出拓展指导教师和拓展训练机构的质量水平。讲解漫无边际，胡诌乱编，往往会降低训练的效果，让训练流于形式，甚至会引起受训学员的反感和受训单位的不满。讲解清晰、有理论深度和感染力是对受训学员前一阶段所获认识的进一步深化和体验的强化，可以帮助受训学员从感性认识上升到理性认识，实现一个质的飞跃，达到训练的预期。需要注意的是，拓展指导教师对受训学员的表现和认识程度的肯定性评价与他们的感情或感觉有着很深的关系。人们由于自身价值得到认可，并通过活动提高了自己的自尊感情，往往可以激发个人潜能，形成良好的团队心理气氛，使团队凝聚力得以增强。这一阶段是将受训学员的体验上升为理论，即从感性认识到理性认识飞跃的过程。此过程中，指导教师重新突出了自己的主导地位，是活动的灵魂和核心。

点评结束后，还要启发受训学员将拓展训练中所获得的经历体验和理论认识放到实践中去检验与应用，才是受训单位的初衷与最终目的，这也是拓展训练的延伸。这是完成认识从实践中来，最终用来指导实践的循环上升的过程，是在培训之后的生活和工作中由学员自己实现的。这也是拓展训练的终极意义所在。在此阶段拓展训练机构要做好后期回访工作，验证训练效果，对提高拓展指导教师的水平至关重要。

案例：体验式培训项目引导技术

在体验式培训过程中，活动任务布置清楚，规则要求和注意事项强调完成，活动开始意味着探索性学习的开始。一般来说较为容易的项目，学习氛围容易营造；任务难度较大的项目，学习氛围的营造需要拓展培训师恰当的引导技术。比如，工程类拓展培训项目——搭建书架、书屋等，对于理工类学员与重感性思维的文科学员采用的方式和方法明显不同，探索过程也有差异。理工类的学员接受任务后能够合理利用图纸选择合理的操作程序，较快完成任务；而文科类的学员往往比较感性，看着差不多就去尝试，结果在一片混乱中失去信心和兴趣。又如，面对盲人方阵这个项目，理科学员和文科学员解决问题的思路和方法也大相径庭。当学员遇到难以解决的困难，情绪沮丧、学习兴趣下降的时候，如何选择合适的时机，给予合理的引导是很重要的。比如搭书架项目引导，一是强调任务分工的重要性，如何化整为零；二是强调抓住特色的地方下手，有特色就是与众不同，就不容易混淆，然后由易到难，完成任务。盲人方阵也是一样，一定找到问题的关键点下手，如何解决"方"的问题。需要注意的是，培训师一般不要破坏学员完整的探索体验式学习过程，让他们体验到"山重水复疑无路，柳暗花明又一村"的喜悦。

体验式学习过程完成后，如何让参训学员获得感悟、启发，获得个人潜能的挖掘和团队能力的提升，有效的提问引导技术就显得尤为重要。

分享：对学习过程有主观体验后，参训学员要与其他对手和队友分享其感受或经验。

交流：分享个人的感受只是开始，关键是由感受获得的启发和内在感悟。要积极地把这些启发和感悟与学习、工作、生活联系起来，并应用到学习、工作和生活当中。

一、关于提问引导的基本原则

（1）提问引导应建立在全体参训学员基础上，所有参训学员都有分享经验和交流感悟的权利。

（2）分享的过程中避免讨论泛化甚至偏离主题的现象。

（3）鼓励积极发言，同时尊重学员的意愿，避免造成不必要的学习压力。

（4）尊重学员地沉默、不发言的权利，并提供一个使学员能够安全交谈的环境。

（5）适时、适度的提出对团队的认识和了解，但不要过多占用时间，注意避免训话语气，引起学员反感的情绪。

（6）鼓励全体学员积极发言和交流，避免只是少数或者个别学员的分享和交流。

（7）为了营造轻松、愉快体验式学习环境，培训者可以适时、适度地体现幽默、风趣，不能在培训过程中对学员开讽刺性玩笑，导致学员产生逆反。

二、如何利用提问引导的技术

（1）团队层面。根据团队出现的问题，培训师应该选择启发性话语，将之引导到有效的探讨问题和解决问题的方向。

（2）人际关系层面。学员之间是互相认同、包容，还是贬低与排斥，甚至于冲突。团队氛围是否和谐融洽、积极向上，培训师可以以提醒的方式营造良好的沟通氛围和沟通原则（如要善于聆听、尊重事实、不针对人、不抢话等）。

（3）个人内在层面。分享个人层面内容时，培训者能"放"能"收"，避免个人倾诉过多而影响到团队成员共同分享的时机。

三、提问引导技术的具体步骤和技巧

（1）做好活动记录。对学员的表现以及培训现场出现的问题进行记录，积累分享讨论素材。

（2）"分享"过程的开场技巧。组织学员分享对项目的体验和感悟，学员往往不知道如何开口，可以让每个学员表扬自己一句、批评自己一句、赞美别人一句，而后渐入佳境；也可以提出问题，如在活动过程中真棒，你是怎么做到的？

（3）"讨论"过程中的引导。引导学员就项目展开广泛讨论，理解和认识项目培训目标。教练可借助观察记录，引导学员聚焦培训目的，缩小讨论范围。以此为核心使团队成员走出认识盲区，形成团队共识。引导举例：这个项目的主要任务是什么？在培训过程中，发生了哪些问题？这些问题产生的原因是什么？团队表现有哪些优秀的方面？还存在哪些不足？

（4）"整合"过程中的促进。此阶段可以把上阶段的讨论学习凝结上升为可指导个人及团队的理论和策略。引导举例：成功的团队具备什么样的特点？优秀的领导应该具备哪些素质？团队的组织力和执行力来源于几个方面？团队如何进行有效的沟通？如何加强团队的凝聚力？

需要记住的是，无论什么项目培训，主体都是学员，真正的表演者是学员，而不是培训师。培训师的智慧是调动学员的积极性，引导他们去发觉自身智慧和能力。

项目三　拓展训练的社会价值

————————·((❋))·————————

学习目标

理论目标：人生不同阶段的身心特点，知识经济时代的社会需求特点，当代人应具备的职业素质和能力特点，熟悉市场对人才的素质和能力要求。

实务目标：分析现代社会对人素质和能力的要求，如何利用拓展训练提高青少年和大学生的素质和能力，并且保持良好的心态和状态提高临场发挥和表现能力，提高企业员工的服务意识和业务能力，提高团队协作能力，提高执行力和胜任力。

任务一　拓展训练有利于青少年健康成长

一、拓展训练活动发展青少年良好的家庭观念

小学阶段的孩子处于逆反心理的萌芽期，既是父母与孩子产生矛盾的潜伏期，又是建立良好家庭关系敏感期。这个时候，注意对孩子的引导和教育，可以避免孩子在青春期由于逆反心理而造成的不服父母和老师的管教，不思学习。

利用和孩子一起参加活动，共同解决问题的机会，发现孩子的优点和长处以及自身的不足，根据多元智能理论，使青少年和家长懂得，人的智能是多元的，每个人的智能结构是不同的。家长要了解自己孩子的智能结构特点，有目的地去扩大优势，开发不足，而不能盲目地按照家长自己的理想去过度开发。

父母和孩子存在代沟的原因在于互相缺乏理解，只是站在自己的立场上去想别人，要求对方按照自己理想的方式去做，总是互相挑剔，互不满意。如果能够换位思考一下，给双方一个表达自己、表现自己的机会，并且互相鼓励、互相感动，关系就会和谐。双方会向着理想的方向发展。

利用亲子活动培养孩子良好的家庭观念，在亲子活动中，创设情境。面对共同的任务，需要家庭成员之间的协调配合，通过每个人的努力以及互相之间的关心、鼓励、帮助获得成功。在一次"风雨人生路"的活动中，一个母亲感动得失声痛哭。她说从来没有发现自己孩子有这么可爱的一面，平时她说什么，女儿总是下意识地反对，由于女儿的语言很激烈，母亲基本放弃与她沟通。而在"坎坷"的人生路上，在母亲很无助的情况下，她却使出浑身解数，细心地给母亲指导和呵护。活动过程中感动在母女心中传递，活动结束后母女激动得抱在一起庆贺成功。这个场景感动着现场的每个人。

当今社会，父母给孩子太多爱的同时也给他们太多的压力，剥夺了孩子表现自己、锻炼自己的机会，还抱怨现在的孩子身在福中不知福，不知道感恩，衣来伸手，饭来张口。难道我们不应该反思，是我们的孩子不好，还是我们的教育方式不够？给孩子一些自由，让他们在实践中面对失败，积极反思，吸取教训，为以后的成功积累经验。

亲子活动中，面对共同的任务，家庭成员共同努力，互相安慰，加油鼓劲。活动结束后的分享环节，一定要强调把这种做法和情感体验渗透到家庭生活中，渗透到对孩子学习和生活的管理过程中，这样亲子活动才具有了现实意义。孩子在生活当中不断体会父母的关爱和帮助，体验感恩和感动，逐步加深家庭观念。这样孩子在不知不觉中也培养同理心。当父母生病或家庭遇到困难的时候，他们将不再坐视不管、不再抱怨，而是积极主动地去想办法解决。

二、拓展训练活动有利于发展青少年良好的自我认知

青少年健康成长必须对自己有个正确的认知，悦纳自己，对自己的学习和生活充满自信，并为自己的认识能得到老师、家长和小朋友的认可而努力。他们在自己遇到事情和问题的时候能够采取适合自己能力结构的方式，也能够接受事情和问题的结果。

在个人项目中，如高空断桥、高架网绳，定向寻宝等活动，引导青少年克服自身的局限，提高生活的能力，获得成长和成功的高峰体验，并在分享的过程中发现自己的优点、不足，还要使他们明白，尺有所短、寸有所长，每个人都有短板，生活里都有黑洞。都要正确地面对，不要把自己当做圣人，也不要用圣人的标准来衡量自己，做一个乐观向上的人，生活里总是充满喜怒哀乐！他们不但要具有这个认识和想法，还要充分地表达出来。为了减轻他们表达的压力，可以从简单开始。比如：从表扬自己一句、批评自己一句开始，量力而行。

这样孩子有了正确的自我认识，对自己有了理解和把握，在学习、工作和生活的过程中，能减少不了解自己带来的伤害。培养孩子良好的自我意识，对于克服自我紧张、完善人格、培养自信等都起着良好的促进作用。

三、拓展训练有利于发展青少年良好协作意识和能力

在团队项目中，如接力类的素质拓展游戏、驿站传书、搭书架、不倒森林和盲人方阵等项目，在活动中使他们懂得团队的力量，如何把团队的力量发挥出来，如何提高自己的领导力和

执行力，如何把自己的想法表达出来，并获得团队的认可，变成行动。培养他们的竞争精神，即使处于劣势也不放弃，坚持到最后一刻。还要使他们懂得，每个人的努力都很重要，每个人的努力都是集体成功的重要组成部分。每个人在了解自己的基础上对自己进行角色定位，自己能够胜任什么样的工作，把它做好。如果自己没有重大决策能力，就把自己本职的事情做好，态度积极、不懈怠、不添乱。

　　总之，拓展训练活动对体能要求不高，对心理挑战很大。一般来说，只要参与者遵守规则，敢于尝试，都能成功。生活也是一样，这个社会需要形形色色的劳动者。绝大多数岗位对智力和体力的要求都不是很高，而对态度、积极性、责任心、忠诚度等都有一致的要求。通过拓展训练活动帮助他们确定一个信念，坚信天生我材必有用，做好自己人生所处阶段应该做的事，就是成功！过适合自己生活，就是幸福。

任务二　拓展训练有利于大学生全面发展

一、大学生心理特点

中小学是基础教育阶段，大学时期是自我意识发展最快的时期。大学阶段，人的知识、观念、思维、能力、人格等方面快速成长，大学生不再满足于平淡无奇的人生，渴望不断超越自我，永不满足，永远前进。大学生来自不同的地方，他们的家庭背景、知识结构、受教育的条件等的不同，决定了他们价值观的多元性，价值观念的不平衡不稳定性。强烈多元的需求与不足的冲突，心理成熟又落后于生理成熟，加之人际关系的突然变得复杂，使得大学生的情感发展得日益丰富又极不稳定。他们进入大学生活之后，很难在群体中适应，在合作中完成学习任务。由于大学生所处的独特的社会层次及较高的文化素质，他们看问题的视野可能较一般人有所不同。对社会上的事情有着自己的见解，有报国安天下、造福一方的心愿和抱负。但是面对市场竞争、就业压力，他们不能够适应社会的发展，又感到无所适从。在这样的发展环境下，就需要高校教师以大学生身心特点为基础，采取素质教育，塑造健全人格，完善大学生自身的团队意识，形成尊重和热爱他人的理念。通过施加具体任务，培养团队人员共同合作意识、勇敢顽强的意志力，使他们保持积极乐观的生活态度，始终保持勇于挑战、勇于奋斗的精神状态，拥有遇到困难和挫折不屈不挠的坚强意志。深刻理解社会主义核心价值观，能按照自己的理想和追求规范自己的行为，并能逐渐以社会标准和社会要求调节自己的行为，使自我控制力大大提高，一步步地走向成熟。

二、当今社会人才需求特点

当今社会对人才的要求，一是与职位相关的知识与技能，以及继续学习和解决实际问题的能力。尤其是在知识经济时代，不断地学习非常重要。技能方面不仅包括专业技能，英语应用能力和沟通能力也格外重要。英语是一门语言，最终也是为了沟通，在全球化的时代，无障碍的沟通无疑会使事业事半功倍。

二是职业道德素质。现代社会，越来越多的企事业单位首先看重的是人才的道德素质。一个缺乏职业道德的人，会影响企事业单位发展甚至会给所在单位构成威胁和造成重大损失。一个具有职业道德的人，才能做到爱岗敬业，表现出高度的工作热情。一个对工作充满热情的人，愿意为自己钟爱的事业奉献一生，最后把敬业奉献精神落实到不断提高业务能力的过程中，使言行一致，表里如一。

三是抗压能力，是指面对逆境表现出的一个人的毅力、顽强精神和不屈不挠的意志。这考验一个人的心态，面对困难不轻言放弃，胸怀信念，显示出非凡的坚持性和耐久力。

四是团队协作能力。21世纪是一个合作双赢、共谋发展的时代，历史上的单打独斗和闭门造车的时代已经结束。要想生存和发展，就要适应协作共赢的环境和营造良性竞争的氛围。需要人具有较强的团队协作精神和协作能力。能够理解别人和信任对方，也具有赢得别人信任的能力。

三、拓展训练对提高大学生的素质和能力的作用

（一）培养大学生优秀的道德品质

高等教育的目标是普遍提高大学生的人文素质和科学素质，造就"有理想、有道德、有文化、有纪律"，德智体美劳全面发展的社会主义事业建设者和接班人。在拓展训练活动中，通过设计丰富的模式、多样的拓展训练内容，使大学生面对不同的任务，感受不一样的心理挑战。拓展训练项目设计本着心理挑战最大、体能要求较小的原则设计，每项活动对受训者的心理承受力都是一次极大的考验。拓展训练的项目都具有一定的难度，表现在心理考验上，需要学员向自己的能力极限挑战，跨越"极限"。挑战者体验面对困难、危险的恐惧、紧张，找不到解决方案时的烦躁、绝望情绪，也在体验失败和一步步走向成功的过程中磨砺意志。在克服困难，顺利完成课程要求以后，使挑战者领会只有胸怀理想、坚定信念，才能够体会到发自内心的胜利感和自豪感，享受任务完成后成功的喜悦。通过体验式学习，不断经受考验，挑战困难，激发大学生自身潜能，增强自信心、克服心理惰性、改善自身形象、磨炼坚强的意志、培养乐观的生活态度和顽强的拼搏精神。

（二）提高大学生协作意识和展示自我的能力

▶▶ **案例：**

某航空公司招聘一名空勤培训师，应聘人员有来自不同高校的应届毕业生 15 人。经过试讲、答辩，留下五个人进入最后的面试。任务是把应聘人员分成三个五人组，针对空勤人员策划一次休闲娱乐活动方案，每组递上一个团队最佳方案。

当每个成员把各自的方案拿出来讨论确定最佳方案的时候，一个武汉大学的学生比较霸气，自以为是地认为自己的方案是最优秀的，并且力排众议，最后把自己的方案作为最佳方案上报。结果考官否定了这个所谓的最佳方案，并且要求该小组呈上本组所有人的方案，结果发现南京大学一名学生的方案与公司的目标要求契合度非常高，就问她为什么没有把自己的方案作为最佳方案上报。她腼腆地说，本来有这个想法，但是队友表现得非常强势，自己就没有坚持，结果该航空公司认为这批应聘人员里面没有他们满意的人才。

这个案例告诉我们一个道理，一个优秀的团队面对任务一定是人尽其才、物尽其用，最后拿出团队集体智慧的结晶。而作为团队的核心，一定要善于沟通协调，使团队成员有向心力和凝聚力、互相信任、互相帮助、气氛和谐、积极向上、胜任力强。如果一个人不具备丰富的知识和经验以及良好的沟通协调能力，而是靠自命不凡，压制团队其他成员来成就自己的领导，那结果是要么带领团队走向失败要么自己失败。武汉大学的学生因为没有团队学习

的经验，表现出只表达自己的观点而不去倾听别人的意见的行为，品尝到失败的苦果。而南京大学的那名学生作为一个团队成员，面对团队任务时，找到了相对合适的解决问题的方法和途径，却没有想办法付诸实施，同样走向失败。当今大学生面临巨大的就业压力，关键时刻展示自己的能力无疑至关重要。

拓展培训的目标就在于使得人的知识、技能、工作方法、工作态度以及工作的价值观得到改善和提高。通过拓展训练活动，以任务驱动推动团队和个人不断进步，团队的构成、结构、规则、程序、制度等方面将得到改善，实现团队和个人的双重发展。从而发挥出最大的潜力，提高个人和团队的业绩，并且所有成员能够得到健康和谐的发展，满意度和幸福感得以不断提高。拓展训练的团队项目是为专门培养拓展对象团队协作精神和能力设计的，强调集体合作，在任务完成过程中只有利用团队的力量，才能完成或是高质量地完成项目任务。有些拓展训练项目任务非常复杂，需要团队成员分工协作。只有团队人尽其才、物尽其用，密切配合，才能最终顺利完成任务。一个优秀的团队一定是面对不同性质的任务，合适的人站在合适的位置，最大限度地发挥个人能力，为团队总目标的达成而凝心聚力。在团队建设中力图使每一名学员竭尽全力为集体争取荣誉，同时从集体中吸取巨大的力量和信心，在集体中显示个性。学生在这个体验式学习过程中获得了主观体验，在总结和分享过程中把经验进一步升华，把感性知识变成理性知识，增进对集体的参与意识与责任心；改善人际关系，学会关心，从而更为融洽地与群体合作，增强团队协作的能力。

（三）利用拓展训练活动激发潜能，提高大学生专业技能

实施大学生素质拓展和创新能力培养、加强对学生的指导，帮助学生树立成才目标，引导他们积极参与到专业知识和专业技能的学习中。

1. 培养专业发展兴趣

在素质拓展活动中教育学生学习目标任务的重要性，没有目标和任务的引领和驱动，就没有努力和发展方向，个人就会无所事事，团队就没有向心力和凝聚力，目标和任务有助于激发大学生强烈的学习动机。在素质拓展活动中，引导学生了解自身智力结构和非智力因素的特点。根据专业、社会需求确定自己的职业目标，在职业目标的引领下最大限度地挖掘自身潜能，把握技能形成和发展规律，有效地利用各方面的资源，提高自己的专业知识和技能。

在活动过程中，要培养学生对任务的热情，有热情才能更加专注地投入的学习和探索的过程中，才能激发学生学习的自觉性、积极性。分享项目的时候尽量使每个学生都有分享心得的机会，在活动过程中使他们多方面的能力得到展示，从而产生更大的信心和热情，投入到学习中去。对学生的点滴进步加以肯定、鼓励，就会使学生充满信心，感受到成功，增强自己的自尊心和自信心。进而引导学生培养对专业技能的热爱之情，兴趣是最好的老师，愉悦的情感体验会驱动他们更加自觉、积极地投入到学习中去。心理学家盖兹说："没有什么东西比成功更能增加个人的满足感了，也没有什么东西比成功更能鼓起个人进一步追求成功的努力了。"通过拓展训练活动，引导学生在专业知识和技能学习中体验到成功的快乐，在学习中不断体会成长和成功，是学生树立坚定的职业信念乃至职业信仰的永恒动力。

2. 培养顽强的意志

意志是人在行动中自觉克服困难所表现出来的心理过程。意志的形成过程包括决心、信心、恒心。培养顽强的意志品质是拓展训练活动核心任务之一。拓展训练是一种体验式学习，在有些项目中，对大学生的心理和生理考验和要求都很高，如野外生存项目，通过艰苦的生存环境来磨炼培养坚强的意志。这时候要考虑学生实际水平，还要兼顾我们的发展目标，合理安排教学程序，逐步引导，让学生经历"山重水复疑无路，柳暗花明又一村"，教会他们在绝望中看到希望，始终在充满信心的状态下，付出努力，从而解决问题，不断前进。知识和技能的掌握也是如此，离不开课余时间刻苦钻研和反复练习。需要指出学习中的困难是成长过程中的必然，提出良好的课余学习方法，启发如何克服当前的困难，解决问题。这样，就可以把挫折这个"阻力"转化为动力，使学生遇到困难时解决问题的能力得到培养，良好的意志品质也就逐渐形成。另一方面要加强自我指导，要不断引导学生吸取以往的经验，提高自我指导能力。要逐步学会发现问题，寻求解决问题的方法，并能够自己提醒自己，自己鼓励自己，自觉地提高注意力的集中性、稳定性。培养不怕苦、不怕累、勇于锻炼的优良品质和自己克服学习上各种困难的自我调控能力。

3. 培养良好的习惯

著名教育家叶圣陶先生说过："教育是什么，往简单方面说，只有一句话，就是养成良好的习惯……"

习惯方面的工作没有学不会的，只有愿不愿意去做。只要愿意去做，每一个人都能做到。习惯是个小事情，因为习惯源于细微。习惯又是个大问题，因为习惯不好是万事做不好的根源。习惯是引导学生掌握良好的专业知识和技术的必要条件。良好的学习习惯对学生技能水平的提高作用很大，还会转移到生活和日后的工作中去。

通过拓展训练课程要求学生不要犯没有技术含量的错误以及常规性、纪律性的错误。比如，迟到、缺勤、早退等，这是显性习惯的培养。在拓展训练中、还可以培养学生如何面对任务，保持高度注意力和参与度积极探索，发现问题所在，利用所拥有的资源，找到解决问题的有效方法。在团队项目中，个人如果有意见和建议，一定要想办法表达，争取尝试的机会。如果没有建议和想法，要尽职尽责地完成团队交给自己的任务，在总结反思中强调这种习惯的培养。帮助学生养成良好的学习和工作习惯。并注意营造团队内合作、监督，团队间竞争的环境。一是提高学习效率，二是培养他们课余结伴练习，提高学生的学习效率。

任务三 拓展训练有利于提高企业管理和运营效益

一、拓展训练对员工个人的作用

（1）通过拓展训练协助企业提升员工核心价值观，树立员工的爱岗敬业、乐于奉献的敬业意识，爱岗才能毫无怨言地为岗位任务的完成奉献精力和时间；对职业心存敬畏之心、有神圣的信念，才不会玩忽职守、抱有侥幸和懈怠心理，帮助企业员工建立高尚而尊严的人格。

（2）通过拓展训练使员工能够认识自身潜能，提升和强化个人心理素质，激发潜能、增强自信心，自觉地学习，改进自身形象，克服心理惰性，完善性格结构，磨炼战胜困难的意志，调适身心，不浮躁、不颓废，更好地面对工作与生活的挑战，认识群体的作用，增进对集体的参与意识和责任心，启发想象力与创造性，提高解决问题的能力学会欣赏别人，学会关心他人，助人为乐，关爱生命和自然，情感沟通和表达能力增强，人际关系趋向和谐。

（3）通过拓展训练提高员工管理能力，培养员工端正的工作态度和良好的工作和生活习惯、守时守纪的自律能力，理顺学习、工作和生活的关系，既管理好自己又能积极地影响他人。

二、拓展训练对企业的作用

（1）通过拓展训练使员工进一步明确和认同组织目标，在组织目标的引领下，团队的力量向一处使，增强团队合作精神。树立相互配合、相互支持的团队精神和整体意识，改善人际关系。拓展训练对培养和谐的团队精神、团队凝聚力及团队协作意识是非常有帮助的，使团队成员能更深刻地体验个人与企业之间，下级与上级之间，员工与员工之间唇齿相依的关系，从而激发出团队更高昂的工作热情和拼搏创新的动力，使团队更富凝聚力。

（2）通过拓展训练活动如电网和孤岛求生，可以增强组织的凝聚力，改进组织内部的沟通与信息交流，使组织面对各种变革与挑战时更为从容有序。组织有序，知人善任、合理整合人力资源，再加上领导综合能力的不断提高，是完成企业任务的重要保障，也是通往成功的阶梯。使员工树立主人翁意识和责任感，表现出更佳的领导与管理才能，有效提高团队执行力，激发团队士气与活力。

（3）通过拓展训练活动如一些高空拓展项目，缓解员工工作压力；拉近员工之间的距离，使员工体验到归属感、被需要感以及爱和被爱的需求得到满足。人人都能体验到组织的关系，同事的关怀和帮助，工作和生活在一种充满感恩、充满爱的氛围里使个人和集体之间、企业团队之间、部门之间关系更和谐，工作关系更加顺畅，减少因团队之间的不协作所带来的内耗，提高企业运营效率。

三、小结

　　"收获最大化，代价最小化"是拓展训练的精髓。能在拓展训练中收获宝贵的经验教训，比真的在现实生活中得到痛苦的经验教训要容易和简单得多。因为生活中的失败，会使我们付出惨痛的代价，并且机会和时间是一去不复返的。而在拓展游戏中感悟的一些启发和启示，使员工进一步明确和认同组织目标，增强组织的凝聚力，认识到相互配合、相互支持的重要性并找到具体方法，使组织面对各种变革与挑战更为从容有序，团队的胜任力和执行力显著提高。

项目四　拓展训练的场地和器材

———————— ·((※))· ————————

🎯 **学习目标**

　　理论目标：了解拓展训练的场地、器材规格要求，熟悉常用器材性能特点和用途。

　　实务目标：根据活动目的和活动内容选择拓展训练场地和器材。掌握不同器材的使用方法，并能够熟练操作。

任务一　拓展训练的场地

　　场地的选择对拓展训练是至关重要的，不同的场地有不同的项目设置，同一个项目会因为场地的不同，效果相去甚远。合理的利用场地所制造的情境对于培训效果的提升大有益处，在高山、沙漠、雪地、水上进行拓展训练，项目场地不同，学员的情感体验也不同。

一、自然环境的野外拓展训练场地

　　自然环境的野外拓展训练场地由于环境复杂多变，具有潜在的危险性，适合具有一定专业知识和技能的人在专业户外教练、领队、拓展培训师的组织和带领下，体验自然环境给体验者带来的刺激和乐趣。在这类活动前仅靠教练和培训师丰富的知识和专业的经验还不够，还需要对当地的气候条件有充分的了解，熟悉周边的人文环境、风土人情。在活动前对场地进行先期考察后，才能在这样的环境中开展活动。

二、人工建造的拓展训练场地

　　人工建造的拓展训练场地是指根据课程目标，利用木材（如高空拓展项目木质的空中高架）和钢筋（如高空拓展项目钢结构空中高架）、混凝土（如毕业墙）等材料搭建的场地设施，使活动的开展更加规范，并给活动的开展带来便利。

三、自然和人工相结合的拓展训练场地

自然和人工相结合的拓展训练场地是最受青睐的拓展训练场地，依托自然条件，在不足的地方进行人工改造，使拓展训练场地更加优化、人性化，能够大大提高拓展训练的效果。比如，根据需要在自然岩壁上设置一些手点和脚点，在自然岩壁上做速降和沿绳下降，在自然河流利用钢索进行渡河活动，效果是人工场地完全不可比拟的。

我国的拓展训练场地多以钢结构为主，木质结构的相对较少。比较典型的木质结构的拓展训练场地有广东台湾子弟学校生命教育基地，材料采用美国 ACCT 的标准，经过脱脂和防腐处理，既经久耐用也能和自然更好地融为一体。参与者置身其中，能更切身地感受到大自然的温馨和美丽。

任务二　拓展训练的器材

拓展训练的器材主要有保护性器材、辅助器材、活动道具等。器材的选择、使用和保养对于拓展训练都是非常重要的。对各种器材构造、性能的认识、掌握使用方法是拓展培训师必备的能力。

一、头盔

在拓展培训中，戴上头盔能够使危险降低一半，我们如何选择头盔呢？一般选择质量较好、使用方法简单的头盔。

CAMP 的 ROCK STAR-203 就是一款不错的选择，它采用聚乙烯材料做外壳，内层采用尼龙材料，外壳和内层之间采用无铆钉连接，使总体舒适感增加，简单快速的颈部收紧系统，可以随时将头盔调到一个舒适的松紧度。

ROCK STAR-202 采用与 HIGH STAR 同样的形状和外壳材料，更轻便，更简单，不戴头灯卡座，特别适用于拓展训练。

CAMP 的 STARLIGHT-188 是一款新式头盔，采用目前最先进的形状设计，用的是最好碳素外壳材料，里层材料采用目前最先进的高密度发泡铸造工艺，使头盔在保持高强度和良好性能的情况下重量减小到最轻，头盔两侧的长通风孔可以使头部保持透气，增加舒适感。

使用头盔时需要注意的事项：

（1）尽量使用安全可以调节的头盔，包括头围与颈部的收紧装置。头盔只有大小合适才能保证安全性，太大、太小都会使安全保护作用降低。

（2）不要将头盔前后戴反了，头盔有前后之分。如果戴反了，不但舒适感降低，而且容易遮住眼睛。

（3）头发要盘在头盔内，如果头发在头盔外，容易和安全带、安全绳索缠绕在一起。戴头盔时应该把装饰物取下，确保头发完全在头盔里，避免出现发髻顶起头盔的现象。

（4）戴头盔的时候要注意细节。特别是给学员戴头盔的时候，要体现人文关怀，颈部的带子收紧系上的时候，用一根手指点在学员的颈颊部位，防止扣紧搭扣的时候夹伤皮肤。

二、安全带

安全带分为全身式安全带和半身式安全带两种，全身式安全带在拓展训练的空中跳跃项目中使用，它的优点是可以防止人在空中翻转。一般全身式安全带由 45 毫米的宽带制成，胸带和腿带都可以调节，同种款式是均码的，胸围最大是 108 厘米，腿围最大是 90 厘米，重量一般 600 克左右（见图 4-1）。

图 4-1　全身式安全带

半身式安全带分为胸式安全带和坐式安全带两种，胸式安全带由 45 毫米的宽带制成，重量在 200 克左右，它不能单独使用，常常和坐式安全带用主锁连接使用。使用胸式安全带代替全身式安全带的缺点是，当冲击力过大时，身体的上半身承受的力过大。尤其是儿童，一般不使用胸式安全带。

坐式安全带，由腰带和腿带构成，可以分为全可调和半可调两种（见图 4-2）。坐式全可调的安全带穿戴方便，优点是操作简单，穿戴是否正确容易检查和发现，在使用时不易出现大的错误，缺点是穿戴时间长了不舒适感会增加。

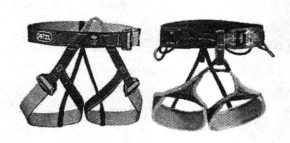

图 4-2　闭合式坐式安全带、开放式坐式安全带

穿着安全带的注意事项：

（1）开放式坐式安全带的腰带顺向插入环扣后，一定折回来再反向插入环扣，以增大摩擦力，防止腰带脱开。闭合式安全带在腰带和腿带上设计了自动反扣功能，穿时只要收紧带子就好了。

（2）调整好腰带和腿带的长度，腰带略紧，要求能平伸入四指，且不能翻转直立，腿带要松紧合适，调整好重心，腰带要尽量上提至髂骨以上紧贴腰部，铁锁应位于身体的正中。

（3）全身式安全带的穿戴是在穿好它的下半部分后（穿法同坐式安全带），穿上肩带，调整好长度，在背带连接处打好反扣。

说明：坐式安全带的连接点在体前腰带与腿带相结合的部位。在保护可能发生较大的冲坠的攀登时，应将绳索以 8 字通过结的形式直接系于攀登环上，场地项目保护及时得当一般不会发生较大冲坠。由于参与培训学员轮换频繁，往往采用将主绳铁锁与安全带连接在一起的方式。绳头打双八字结。全身式安全带挂绳索的连接点在后背。

注意：每次使用前应对安全带进行仔细检查，穿时注意打好反扣，穿好安全带后不要随便坐在地上。有的项目如天梯，参训者会抓住同伴的安全带腰带用力攀登，提醒参训者不要抓安全带腰带上的器械环和腿带。

三、保护绳

（一）动力绳

动力绳在拓展训练的攀登和跳跃过程中做保护绳，学员在攀登冲坠和跳跃下落时最终要靠保护绳的拉力控制下落，因而保护绳给人体的拉力也很大，而人体不能承受超过 12 千牛的拉力，否则会引起肌体损伤。只有动力绳依靠自身的延展性（6% ~ 8% 之间）能够做到这一点。UIAA 规定动力绳的延展性要低于 8%，以免弹性过大，使学员在空中上下弹起，难以控制而增大危险性。

（二）静力绳

这类绳子的延展性低于 1%，一般用于溪降、速降时使用，安装上升器可以沿绳上升和下降。静力绳一般颜色为白色，价格比动力绳便宜。

（三）使用保护绳的注意事项

（1）了解动力绳和静力绳的用途。切记，用来攀登和跳跃的活动只能用动力绳，不能用静力绳。

（2）选择合适的长度。绳子的长度一般以米来计算，拓展训练的高空项目一般用绳 25 米 ~ 30 米就够了。最好挑选有中段标志的绳子，这样操作上就很方便和省时。

（3）选择合适的直径。目前，拓展训练使用直径 10.5 毫米和 10 毫米直径比较流行，有少量活动用单绳直径为 9.6 毫米的绳子。直径大的保险系数和耐用性能会好些，建议拓展训练活动中最好选用直径 10 毫米以上的绳子。

（4）保护绳的维护和保养。绳子一般不需要清洗，如果污渍实在严重，可以用清水和淡肥皂水洗涤，保持绳子的干燥，避免长时间暴晒，使用时不能被踩，不要让保护绳和沙石地面接触，不要在尖锐和粗糙的物体上面通过，尽量避免扭曲和纠缠，不能接触烟和火，使用后收拾整齐。

（5）保护绳的使用。一般保护绳的设计在两端的 1 米多处比较柔软，易于打结，中间部分重在耐磨。如果是裁成两段的绳子，最好能够分辨中段和绳头。如果条件允许，不同项目使用的绳子最好专用，这样可以按不同项目对绳子的使用程度进行合理评估，及时更新。

四、锁具

铁锁是拓展训练中用途最广而又不可或缺的器材，拓展训练活动中铁锁最主要的用途是连接保护绳和保护点。在户外活动中铁锁可以替代绳结使用，安全带、上升器、下降器等许多攀登设备的组合和使用都要靠铁锁来连接。在户外活动中，铁锁是最重要的安全保障，所以有人把铁锁称为安全扣。

铁锁分为三类，分别为O形铁锁、D形铁锁和改良D形铁锁（见图4-3）。

图4-3　D形铁锁和改良D形铁锁

O形铁锁摩擦力小，但是铁锁两边承受负荷相等，锁门容易损伤，承受冲击的拉力相对较小，一般只能承受15～18千牛的拉力。在拓展训练活动中，O形铁锁一般用于上升器、货轮等装备的连接上，在正常情况下不承受冲击拉力。

D形铁锁是在攀登和拓展训练中使用较多的一种铁锁，形状多为大三角形或D形，也称保护铁锁。D形铁锁几乎全部的负荷都由锁门对面的长边承受，因此承受的冲击拉力大，安全系数高。传统的铁锁锁门较小，用于长时间连接使用。在拓展训练活动中，一般都是学员轮流参与使用，拆卸铁锁比较频繁。一般选择改良后锁门开口较大的D形铁锁，便于开启和关闭锁门。最常见的用途就是用于保护绳和安全带的连接，如果有钢制铁锁最好替代D形铁锁做上方保护支点，铁锁锁门闭合所能承受的拉力是开启状态的三倍。

铁锁挂在保护点上要将开口朝下，也就是大头朝下，这样既可以方便挂绳，又可以避免锁口的意外开启。如需要在一个保护点上挂两把铁锁，则要使两把铁锁开口方向相反，在使用丝扣铁锁时，应将丝扣拧好，一般拧紧后旋回半圈，以免冲坠受力后打不开。铁锁挂在安全带上与8字环组合使用时，应大头朝上，开口向内。自锁铁锁在下方保护时，挂好后要将机关锁住，并在使用的过程中随时复查。

五、保护器

学员在拓展训练活动中，在安全保护条件下，上升、跳跃、下降，而保护中非常重要的一个器械就是保护器。通过保护器的制动装置增大绳的摩擦力，从而延缓绳子在连接器械上的通过速度。

作为制动装置的保护器有许多种，在拓展训练中常用的就是8字环、ATC和GRIGRI。

8字环是使用最普遍的保护器材，经常用于拓展训练的高空项目，保护人员在下方保护学员的安全。8字环的使用简单易学，对于初学者来说不容易出现失误，但是8说环在使用中容易使绳子扭转，也相对费力。

8字环在开始使用前的初始状态应该是，大环扣在保护者安全带前的铁锁上，以避免操作过程中出现被禁止的无连接"真空"状态。在开始使用时，必须先将绳索在8字环上套好后，再解脱大环、将小环扣进铁锁，随即拧好铁锁丝扣，或关闭自锁开关，同时套绳的方向必须是出绳端朝外侧出去。从绳上摘8字环也必须先将8字环大头扣进铁锁之后再解绳索。

ATC做保护时，送绳和收绳都会更加省力，绳子也不易发生扭曲和缠绕，操作方法简便，制动性能优于8字环。但8字环在学员培训中学员可以参与保护，更易于培训气氛的营造，提升培训效果，故而ATC在拓展训练学员培训中很少使用。

与8字环和ATC相比，GRIGRI器械制动保护器的操作略微复杂，GRIGRI对绳索的安装方向有严格的要求，分为攀登端和制动端。当攀登端突然被拉紧时，凸轮迅速转动卡住绳索而制动。在保护操作时，制动端的绳索始终都要用手握住，严禁松开。学员下降时，保护人员放绳是通过操作扳手和握住制动端绳索的手共同控制。

任务三　主要安全装备的使用方法及管理

一、主要安全保护装备的使用方法

（一）绳结

绳索在拓展项目中保护学员安全时广泛使用，而绳结是绳索和绳索之间、绳索和其他设备之间、攀登者和其他物体之间连接和固定的方式。结绳技术掌握得好不好，直接关系到攀登者的安全。

绳结以其用途不同可分为：固定绳结、接绳绳结、操作绳结等。

（二）结绳方法

（1）双8字结（8字通过结）结绳方法（见图4-5）。

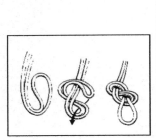
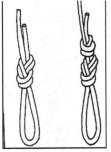

图4-4　双8字结　　　　　　　图4-5　"8字通过结"

用途：攀登或与保护点连接。

特点：易学、易辨认正误、相对强度较大；缺点是受力后不易解开。

注意：受力绳圈要与安全带攀登环相连、调整平顺、收紧，确保强度、易于检查、尾端处理、攀登前再次确认。

（2）布林结（见图4-6）。

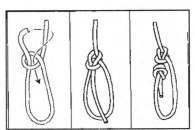
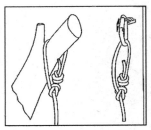

图4-6　布林结

用途：多用于保护点的连接。

特点：方便快捷，受大力依然容易解开；缺点是受力不稳定时容易松动甚至松脱。

注意：较难辨认正误，谨记要打绳末结。

（3）蝴蝶结（见图4-7、图4-8）。

用途：结组攀登连接中间点、高空作业做成腿环、路绳抓手、隔离破损位置。

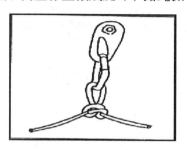

图4-7　蝴蝶结

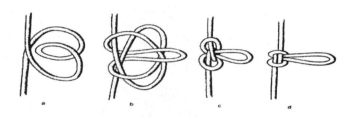

图4-8　蝴蝶结结绳方法

特点：可承受任何一端或绳圈的拉力而不会松开；打完结后两绳头成一直线，在结组过程中很适用。

（4）双套结（见图4-9）。

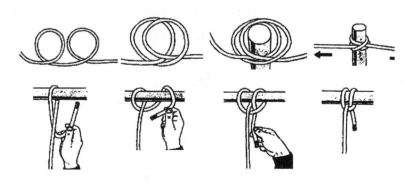

图4-9　双套结

用途：连接中间开放性固定点，如修路、先锋攀临时固定。

特点：便于调整长度，负荷消失易于解开。

（5）双渔人结（见图4-1）。

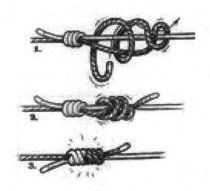

图 4-10　双渔人结

用途：连接一根绳子的绳头做成绳圈、连接直径相同的绳子做双绳下降、连接小绳套做抓结、连接辅绳（直径大于7mm）做保护站用绳。

特点：强度大、结实、安全性高。受力后不易解开，尤其是湿的、细的和变软的绳子。

注意事项：打的方向要正确、要使用直径相近的绳子、留足绳末（主绳大于10cm、绳套大于5cm）、做下降绳子连接注意绳头端防止收绳时卡住。

（6）意大利半扣（见图4-11）。

图 4-11　意大利半扣

用途：临时替代保护器做下降或保护、绳子结冰不宜套入下降器使用、保护跟攀者。

特点：使用方便，但易磨损绳子，绳子易扭曲。

注意事项：避免制动端与锁门同侧，一定要与丝扣锁连接使用，或两个锁门相对的简易锁。

（7）平结（见图4-12）。

图 4-12　平结

用途：绳子盘好后可用平结收尾，连接相同粗细、相同材质的绳索，也可作为捆绑东西时的打结等。但显得有些多余，不如直接使用双渔人结连接绳子，所以这个绳结一般不会用在攀登受力的绳子上。

特点：绳索两端同时受力时绳结非常牢固结实，缺点是一端或两端都不受力时非常容易松动，可以在使用中用双打单结将绳头做防脱处理。检查时，注意看两端绳头是否在绳结的同侧，如果不在同侧，则表明绳结打错。

（8）防脱结（水结）（见图4-13）。

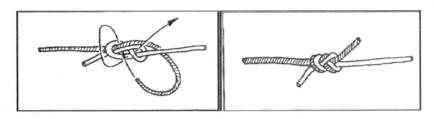

图4-13　防脱结（水结）

用途：水结作为扁带套的连接，可受力，使用后不易解开，长期使用后可能出现扁带头回退的现象，所以使用前要检查。

（9）抓结（见图4-14）。

抓结根据制作方式不同，分为：单耳抓结、双耳抓结、普鲁士抓结、巴克曼抓结。双耳自动抓结比单耳自动抓结更方便一些，并且可以单手操作，易于调整松紧上下。普鲁士抓结需要两手同时操作才能完成，因为打这个抓结需要围绕主绳向内缠绕，操作麻烦一些。而在锁上缠绕巴克曼抓结则需要多用一把锁，一般攀登时很少使用。

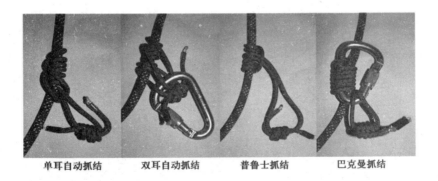

单耳自动抓结　　双耳自动抓结　　普鲁士抓结　　巴克曼抓结

图4-14　抓结

（10）盘绳绳结（攀岩者绳盘，单绳盘）（见图4-15）。

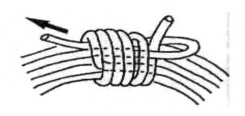

图4-15　盘绳绳结

五、五步保护法

空中单杠、断桥、缅甸桥、天梯、高空相依等项目，为了避免被保护者坠落时受力太大，或保护者需随着被保护者移动，一般实施下方保护，将8字环挂在保护者的安全带上。以右手为主要用力手为例，则左手握住从上方下来的绳索，右手握紧从8字环绕出来的绳索。保护者两腿前后分立，重心略向后，随着攀登者的逐渐向上运动，保护者要不断将绳索收回，具体操作如下（见图4-16）：

第一步：左手根据攀登者的上升速度向下拉绳，右手同时将通过8字环绕出的绳端向上收紧，这时右手离开8字环较远；

第二步：右手向下翻至右胯后部；

第三步：用左手抓住通过8字环绕出的右手前的绳索；

第四步：右手换到8字环与左手之间抓紧绳索；

第五步：恢复第一步姿势，如此反复操作。

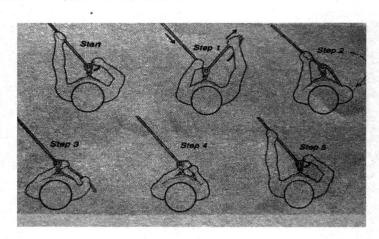

图4-16　五步保护法操作步骤

注意：必须始终有一只手抓紧从8字环绕出的绳端。当攀登者到顶后或需放下时，则将右手背于胯后紧贴躯干，左手握力略松将绳逐渐放出。一旦攀登者失误脱落，则在两脚站稳的基础上，重心后移，将右手迅速用力抓紧绳子背于胯后，利用8字环的摩擦力使绳索停止滑动而将攀登者固定在空中，使其得到保护，然后再将其慢慢放下。以上保护技术，左利手者操作则正好相反。空中单杠因冲坠较大，应二人保护。

项目五 拓展训练的安全管理

·(((※)))·

学习目标

理论目标：了解拓展训练安全的重要性，熟悉拓展训练风险无处不在，掌握拓展训练的安全管理原则、要素和方法。

实务目标：培养拓展训练活动中高度安全意识，掌握安全防范措施和紧急情况的处理方法，掌握安全保护技能，并能够对拓展训练风险进行评估，把风险降到最低。

任务一 拓展训练的安全简介

拓展训练中的安全不单指人身安全，而是指全方位的安全，它包括：身体安全——保护学员的身体不受伤害。心理安全——给学员施加的心理压力在可承受的范围内。行为安全——不强迫做违反道德、法律的活动以及超越学员身体和心理极限的活动。器械安全——器械与活动道具检查、使用和保护。环境的安全——环保意识和行为的培养。

由于安全问题是拓展训练中很重要的一部分，在我国，拓展训练课程设计的过程中已经考虑到安全问题，有意识地降低了活动的风险。实际上在拓展训练活动中，伤害事故的发生是不多见的。美国 PA 组织的研究机构，曾就 PA 活动项目的安全性数据与其他项目活动比较得到以下结果（见表 5-1）。

表 5-1 百万小时活动受伤频次表

活动内容	百万小时活动的受伤数
PA 活动	3.67

续　表

活动内容	百万小时活动的受伤数
负重行走	192
帆板运动	220
定向赛跑	840
篮球	2 650
足球	4 500

（资料来源：Project Adventure）

　　数据表明，从某种程度上看，PA 活动比散步还安全，意外事故发生率很低。但是我们并不能就此放松警惕，因为一旦拓展训练过程中出现事故，后果会比较严重，给受伤者的身心造成不良影响，甚至不可逆转。

任务二　拓展训练的风险

在拓展训练活动中，安全是相对的，风险是绝对的，如果组织和操作稍有疏忽，它就会出现。一些教练在一些拓展训练活动中出现了较严重伤害事故，分析原因的时候认为自己操作没有问题，只是意外。其实，偶然事件的发生有必然性在起作用，只是有些时候风险并不一定成为事故，如果操作过程存在疏漏，不经意间，事故酿成了，所以拓展训练组织操作者只有认识到风险的绝对存在，才能努力将风险降到最低。

风险的存在是学员参与拓展训练的原因之一，也是拓展训练的魅力所在，了解承担风险有潜在的积极效果。对于拓展训练来说，参与者就是去面对风险，挑战自我才能收到身心拓展效果。应对风险的措施是规范操作方式，把风险系数降低，并防范风险转化为事故，应对风险时，"安全预案"的灵活运用是非常重要的（见表 5-2）。

表 5-2　风险的四窗口矩阵表

减少风险 消除风险 高 + 低 1	减少风险 消除风险 高 + 高 2	高	
保留风险 低 + 低 3	转移风险 减少风险 消除风险 高 + 低 4	低	发生频率
低	高		
形式的严重程度			

（资料来源：户外运动登山协会）

任务三　拓展训练的安全管理

科学的课程设计、高度的安全意识、国际认证的器材、严格规范的操作方法、丰富实用的教学经验、灵活有效的安全预案是拓展训练活动安全的保障。我们只有了解项目特点，正视项目的风险客观性，才能使安全得到有效的保障。

一、明确拓展训练安全管理的原则

拓展训练因其场地器械的特殊性、活动内容的未知性以及特有的心理挑战等特性，决定了拓展训练具有一定的风险性。如何把风险降到最低，获得最大的安全保障，是拓展训练的关键所在。

为了达到这一效果，必须遵守如下原则。

（一）双重保护原则

项目操作时，对于高风险动作都设有两道保护网，如信任背摔项目，保护人员双臂构成第一道保护网，而弓步构成第二道保护网，以确保挑战者的人身安全。在高空断桥项目中，安全带和保护绳用两把主锁连接，锁门一正一反，避免锁口自开带来的风险；在空中单杠项目中，由于该项目是跳跃冲击性项目，保护器械需要承受的力量比较大，就设有两套独立的绳索与主锁保护，需要单杠的前后方各打一个保护点，两条独立的保护绳各自连接主锁，主锁锁门异侧挂在连接点上，确保其中的任何一个都能起到保护作用。

（二）多次复查原则

所有的安全保护器械在使用后复查一遍，下次使用前必须再复查一遍，确认器械的安全性。操作过程中，安全保护工作也要多次复查，消除安全隐患。比如，高空断桥，在学员上桥之前，自己检查一次，然后队员之间相互检查，最后教练检查无误后，示意可以上桥，才能做上桥的动作。

（三）全程监控原则

全程监控是指拓展培训师在项目进行中进行无间断的监护，将安全隐患消除在萌芽状态。比如，做求生墙项目时，拓展培训师和安全员要时刻监护整个过程，随时提醒，不合理的动作一旦出现就要及时叫停，不仅关注向上攀爬的人员，也要监护墙上人员的动作和行为，方能以防万一。

（四）自愿参与原则

按照"挑战基于选择"原则，不得强迫学员参加某些高风险的活动，由学员自己判断和选择是否参与，避免因此造成意外发生。比如，在做高空项目时，有些学员难以承受心理的压力，借口身体不适不能参加这个活动。拓展培训师不要逼迫其去做，太紧张和不自信以及带着情绪是很容易出问题的。

除此之外，还有一些需要注意的，如高空换锁必须遵循"先挂后摘"，路绳换锁必须有一个锁在路绳上，攀登换锁必须有一把锁在保护点上等。

二、规范拓展训练基地建设、加强监督和管理

伴随着拓展训练行业的快速发展，在利益的驱使下，在全国范围内，不计其数的拓展训练基地相继建成。调查发现，我国拓展训练基地建设不够规范，主要表现在：相同项目的设施高度有高有低；建设拓展架所用钢管直径有大有小；保护用钢缆有粗有细；高空拓展架设计五花八门。这突出表现了国家对拓展基地的规范和管理存在很多问题。首先，没有成立相关管理部门；其次，就基地建设所用材料、建设规格等没形成统一的标准；再次，对拓展实训基地监督和管理不够。

为加强拓展训练的安全保障，拓展基地规范化管理是不可或缺的重要一环。在基地审批方面，应当充分考虑当地拓展训练的发展情况，申建地址的自然环境和地理结构，申建单位的经济实力、资金投入情况以及施工单位资质，进行合理布局。严把审批关，在审批环节要做到明确审批目的，严格审批标准，规范审批流程；在基地建设环节，报批设计图纸，检查施工材料，做好工程监理，严把工程验收。在基地维护上，制定相关标准，就维护频率和维护质量严格监督，做到齐抓共管；在基地检查上，就基地建设、维护、使用和管理问题做到常态化检查，不留后患。

三、构建拓展训练安全保障体系

（一）为参训学员购买保险

在拓展训练中，为学员购买保险是对参训学员的最后一道保障，同时也是对拓展训练公司的最后一道保障。在拓展训练中，任何人都不想发生任何事故，尤其是重大事故。在拓展训练过程中，哪怕你的安全保障措施做到了尽善尽美，仍然无法阻止偶然性事故的发生，没有100%的安全。鉴于此，在世界各国，社会保险都成为人们生活中不可或缺的保障方式。出于对学员负责和对公司负责的考虑，广大拓展训练公司务必为参训学员购买保险。

（二）建立应急保障流程

在每次培训前，由本次培训的培训主管提交书面《应急保障预案》。在预案中，第一，了解距离拓展基地最近的普通医院以及规模医院，根据本次培训的基地环境、天气情况、培训内容、教练情况、参训人员情况，将可能出现的紧急事件进行周密仔细的预测，在预测的基础上形成完备、有效的解决方案。此外，要在拓展训练班前会上将应急预案传达到所有的后勤保障人员和教练，所有人员记录培训主管的联系方式以便随时处理突发问题。第二，备足治疗感冒发烧、肠胃炎等常见疾病的药品以及消毒包扎用酒精和绷带等用品。第三，在培训现场停放应急救援车辆随时候命，要求应急保障负责人不得离开培训现场，在各培训项目场地不时巡视，以便随时发现问题和解决问题。在遇到突发事件以后，要迅速判断事件的严重程度，能自行处理的通过应急药箱或将受伤、生病学员尽快送往医院救治。遇到比较严重

的情况而无法自行处理的，迅速与最近医院联系，先请专业医生进行急救，再与医疗条件好的最近的医院联系，请求派出急救车辆，将受伤或生病学员送往医院救治。

四、把握安全管理三要素

（1）消除物的不安全状态。

（2）杜绝人的不安全行为。

（3）控制不安全环境因素。

任务四　野外拓展训练的安全控制

一、露营

（一）营地的选择考虑因素

选择营地必须考虑安全和舒适，理想的地点应该是地面平坦，而且不受落石、雪崩以及突如其来水患的威胁，距离水源较近，最好还有充足的木柴薪火等。

（1）考虑安全因素：防风、防雷、防洪水、防落石、防野兽等。

（2）考虑环保因素：在坚实的地面露营、多日露营注意更换营地。

（3）舒适因素：接近水源、平整、干爽等。

（二）营区划分

（1）帐篷露营区。

（2）用火就餐区。

（3）取水用水区。

（4）卫生区。

（5）娱乐区。

（三）搭建帐篷

帐篷有很多种类型，这里主要介绍圆顶帐篷的搭建方法。

1. 场地的清理

搭建帐篷应该事先平整和打扫地面，捡起石块，拔去营建帐篷区域的杂草。

2. 搭建帐篷的步骤

（1）取出帐篷，展开，四人分立于四角，对角线两人合作推送帐篷杆。

（2）固定四角，穿好帐篷杆后系好防脱带子，把四角固定。

（3）搭防雨布，将防雨布的门与帐篷的门对正，四人同时拉紧拉环，张开拉紧防雨布，同时打地钉，保证防雨布和帐篷之间留有空气层，以起到防雨、保暖的作用。

（4）将帐篷的门窗拉上，防止蚊虫和沙尘进入。

二、户外伤病的预防与急救

（一）雷击的预防与急救

1. 预防雷击

（1）如果气象预报有雷暴雨，不要在狭窄的山谷或者溪谷中活动，也不要到高而空旷的地区活动。

（2）观测天象判断天气变化，注意塔状积云雨是否增大增强，必须在下雨之前迅速找到避雨场所。

（3）当感觉到电荷即头发竖起或皮肤颤动时，很可能就是受到电击，要立即蹲在地上施以自我保护。

（4）身上不要有任何金属物。把身上的一切金属物拿下放在背包中，尤其是带有金属的眼镜框、皮带扣头、登山杖等一定要拿下来。切勿打手机。

（5）水容易传电，所以有积水的地方很危险，要避免走进被淋湿或已经有水的地方，最好踏在塑胶布上或背包及其他绝缘物上。同时要穿上雨衣以避免淋湿。

（6）严禁躲在铁皮屋里。

（7）切勿在任何避雷设备下躲避。

（8）汽车往往是极好的避雷设施，可以在闪电时躲在汽车里。

（9）最好的防护场所就是洞穴、沟渠、峡谷或高大树丛下面的林间空地。

（10）如果要躲在大树或大岩石旁边，不要躲在它的正下方，而要在稍微离开这些隐蔽物且半径与其同高的圆圈内蹲下来避险。如果在露天，应蹲在离开孤立大树的高度的两倍距离之处。

（11）根据研究，身高在这些树木和岩石高度的五分之一及以下时，避雷效果最为显著。如果在孤立的凸出物附近躲避，则该凸出物的顶部至少应高出自己的头部 15～20 米。

（12）在高山被子雷云笼罩时，雷电也会从侧面来袭。因而，要特别注意：山脊很危险，躲在山脊下方的平坦区域较安全。

（13）离开垂直的墙壁或悬崖，应避开裸露的山峰和山脊。

（14）野外有山洞的话，可以进洞避雷。应离开所有垂直岩壁 3 米以外，以免岩壁导电伤人。

（16）如果是在海岸线，躲在有许多小石头的地方半蹲下也是好办法。如果有大石头，可躲在与大石同高的距离内，但记着不要贴着大石头。

（17）如果是在空旷的山谷或者草原上，实在没有地方躲避了，找低洼地蹲下来，要尽量采取低姿势，可以双脚并拢，手放膝盖上，身向前屈。万不得已，可以坐在散乱的石块中间。不要躺下。

（18）还要注意的一点是，大家不要集中在一起，避免集体受灾。

（19）如果同时下雨，要把干燥的背包或者绳子垫在脚下。

2.危机处理

（1）及时急救，如有生命迹象，绝不能放弃。

（2）患者平卧，宽衣，解带。

（3）人工呼吸，心肺复苏术。

（4）用手指或者针，针刺人中穴、十宣（十指尖）、涌泉、命门。

（5）等有心跳、呼吸后，再及时送医院。

（二）中暑的预防、症状及解决办法

1. 预防手段

（1）合理安排活动时间，早出晚归，避开正午炎热的时间。行前保证充足的睡眠时间。不要带着不好的心情或者工作压力参加活动。

（2）头部降温，短时散热。参加活动，穿着能散热的合适衣服。穿越途中，尽量用水把帽子浸湿，进行适当头部降温。在烈日照射不到的地方行走时，及时把帽子去掉短时散热。

（3）休息选点，避晒通风。穿越途中，长时间的休息时，休息点要选择能避开烈日暴晒及通风良好、阴凉的地方休息。休息的时候要快速卸下背包，取下帽子，解开衣袖与领口纽扣，挽高裤腿，快速散热。

（4）注意行走节奏，避免过度疲劳。少量、多次、科学、合理、及时补充水分及含盐食物，适当配搭一些含丰富电解质的运动饮料。

2. 处理手段

（1）解衣、通风，脱离高温环境。（带少量冰镇饮料与冰块）

（2）给患者多次饮用清凉饮料或者电解质饮料，及时补充水分。

（3）把患者的双脚抬高，在头部适当位置涂抹清凉油、风油精、口服人丹、十滴水、藿香正气水等防暑药品。

（4）患者清醒后，建议停止活动，由专人陪同，及时送医院。

（三）失温预防、主要症状和处理方法

1. 主要症状

感觉寒冷，四肢冰冷，持续发抖，脸色苍白，记忆减退，语言不清，肌肉不受意志控制，反应迟钝，性情改变或者失去理智，脉搏减缓，失去意识。

2. 预防手段

（1）密切关注自身及队员身体状况，及时发现并处理。

（2）合理安排行进路线及作息时间，避免长时间暴露于低温环境中，及时休息并补充热量。

（4）勤换衣服，保持身体干爽，注意保暖防寒。

3. 危机处理

（1）保持体力，停止活动或者紧急扎营，不断进食高热量食物。

（2）脱离低温恶劣环境，及时脱下寒湿衣物，更换保暖衣物。

（3）防止继续失温，协助重获体温，进食热糖水。

（4）保持清醒，给予消化热食，平卧往睡袋里放置热水瓶或者施救者体温传导。

（5）意识迷糊、状态严重者，采用40℃温水浸泡。

（6）失去意识，人工呼吸，采用40℃以下温水从肛门大肠灌洗方式直接回温。

（四）怎样预防毒蛇咬伤？被毒蛇咬伤后应该怎样处理？

1. 预防手段

（1）穿厚长裤、高筒靴，厚海绵；戴帽子、扎紧口。

（2）打草惊蛇：用竹子、木棍敲打开路，夜间使用照明工具。

（3）遇到毒蛇盘屈昂首或眼镜蛇膨颈昂首呼呼作响时，切勿惊慌从蛇旁边跑过，应在远离它的地方将其赶跑，有防备时可用石头木棍打击头部，将其打死。

（4）蛇栖息在草堆、石缝、枯木、竹林、阴湿处、溪畔，经过时应注意。跨过石块或木头等物时，应防备另一侧可能有蛇。

（5）不在林中或浓密的杂草中翻动石块抓蛇或逗蛇玩。

（6）选择空旷而干燥的地方露营，避开杂物附近，晚上应于营帐周围点起篝火或火炬，尤其是夏天夜晚。

（7）不在毒蛇出没的水域涉水、游泳，以防水中毒蛇咬伤。

2. 处理手段

（1）保持冷静：不可乱跑求救，以免加速毒液散布；可饮酒、浓茶、咖啡等兴奋性饮料。

（2）上止血带：越快越好！止血带、细绳在距伤口近心端 5～10 厘米处捆扎，间隔 15～20 分钟放松 1～2 分钟，或超关节处绑扎，以远端可摸到动脉搏动为度，2 小时松绑 1～3 分钟，减缓毒素吸收入血。

（3）清洗伤口：肥皂水、清水清洗伤口周围皮肤，再用温水或 1：5000 高锰酸钾水反复冲洗伤口。沿牙印做多个"十"字形小切口，深度 2 毫米。

（4）排毒：由外向中心或由近心端向远心端挤压，用拔火罐吸出毒液，口腔黏膜破损者，禁用口吸。

（5）口服季得胜蛇药：轻者 5 片，3 次／日；重者 10 片，4～6 小时／次。或将药用清水调和成糊状涂在伤口周围半寸处外用。上海蛇药首服 10 片，5 片／小时。

（6）新鲜的半边莲 30～60 克，水煎服或捣烂外用。

（7）采取临时措施后，尽量能将咬伤人的蛇打死一并急送医院，帮助医生对症救治。

项目六　拓展培训师的素质和能力要求

·(((❋)))·

🖋 学习目标

理论目标：了解拓展培训师需要具备的职业素养和专业技能，加深学员从理论层面对拓展培训师进行认识和了解。

实务目标：掌握了解和学习拓展培训知识和技能的方法，最终具备拓展培训师所应具备的知识素养和能力要求。

任务一　拓展培训师应具备的素质

拓展训练虽然起源于户外运动，但是与户外运动有着本质的区别。它不是一般的休闲活动和娱乐，而是对正统教育的一次全面提炼和综合补充，是一种现代人和现代组织全新的学习方法和培训方式。如果我们把知识和技能当作无形的资本，那么意志和精神则是无形的力量。只有在坚强的意志和顽强的精神支持下，有限的知识和技能才能释放出最大的能量。如何开发出那些一直潜伏在你身上，而你自己却从未真正了解的力量？如何了解与他人之间的沟通和信任到什么程度？这些就是拓展训练所涉及的范围了。各种户外运动的活动项目仅是拓展训练内容的活动载体，更需要培训师的讲解、引导。寓教于乐是拓展训练的培训形式，但是重在"教"而不是"乐"。在体会了各种拓展项目之后，经过培训师的启发后，从中吸取和领悟到知识和经验教训，并能够把这些经验教训和知识带到工作中去，为工作和生活提供帮助。

通过咨询资深拓展培训师、拓展企业领导、拓展培训学员得到以下信息，拓展培训师应具备的素质包括如下几个方面。

一、多年不同工作岗位的实际工作经验

这样才能了解不同工作岗位中人们会遇到什么样的棘手问题，才能按照这些实际问题制定相应的拓展训练方案和设计与之相关联的拓展训练活动项目。

二、企业中高层管理经验

只有担任过企业中高层管理职务后，才能够从这个角度和层次来观察团队中的问题所在，才能真正了解作为企业的领导者希望拓展训练为企业和员工带来哪些效用。这是决定一次拓展训练成功与否的决定性因素。

三、受过高层次的系统教育

作为一个拓展训练培训师应当在教育、人力资源、企业经济管理或者相应学科受过系统的高层次教育。拓展训练培训师不仅能够很快洞悉他人创建的训练项目所承载的训练内涵，还应该具备开拓创新的能力，去开发新的拓展培训项目。这是保证一个拓展训练方案具有真正知识内涵的基础。

四、较强的沟通和表达能力

不仅包括语言表达能力，还应该包括幽默、亲和力、组织能力、冲突协调能力、沟通技巧等多个方面的综合能力。这些能力可以保证一个拓展训练培训师不仅能够从各种渠道获得知识，还能够把自己获得的知识结合训练目标有效传达给参训人员。

五、对拓展训练的热衷程度

爱岗才能敬业，拓展训练作为一个新兴行业，目前在中国市场还处于培育期。拓展训练的真正内涵和能够为企业、社团、家庭和个人带来的效用，尚不能为广大人群所了解。从事拓展训练的培训师必须具有将拓展训练进行推广的热情和市场开拓观念，全身心地投入到拓展培训中去，才能促进拓展培训行业的快速发展。

六、规范的形象和礼仪

学高为师、身正为范，良好的形象是作为一个拓展培训师的基本要求。标准的着装应该是一套合身的作训服，并且要以穿戴整齐、干净、利落为原则，干净的面容、雪白的牙齿和合适的发型都是做好拓展培训师最为基本的礼仪要求。体验式培训师自身对学员的影响起着潜移默化的作用，学员对培训师的第一印象会对培训过程的顺利进行起到重要影响作用。因此，体验式培训师不仅要注意仪容仪表，而且在语言应用、姿态行为等方面都应该严格要求，具备一名教育工作者的风范。

七、良好的身体素质和顽强意志力

拓展培训师很多时候在户外工作，环境恶劣、工作辛苦，所以一名出色的拓展培训师必须具有强健的体魄和顽强意志力。在遇到恶劣的环境时，拓展培训师要有信心和体能去应对。如果遇到困难拓展培训师都无法应对，不能坚持，又怎么能够鼓励学员去挑战自我，战胜困难？拓展培训师的体能和毅力不是对学员、课程的挑战，而是对自己职业理想、信念和职业道德的挑战。不断克服困难，超越自我是体验式培训师不断成长的见证。

八、熟知法律法规

作为一名专业的户外拓展培训师，必须要知法、懂法，特别是人身安全和体育法规。难以想象一个连基本的法律法规都不懂的人，如何能够承担拓展培训的责任。

任务二　拓展培训师应具备的能力

拓展培训师应具备刚性技能和弹跳技能（见图6-1）。

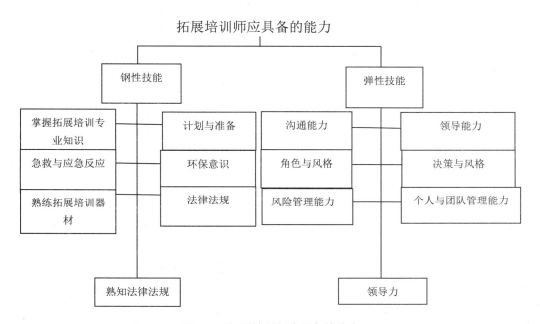

图 6-1　拓展培训师应具备的能力

一、拓展培训师应具备的刚性技能

专业拓展培训师不仅能够组织活动，还应该了解与掌握攀登技术、保护技术、保护站建设、下降技术、绳结用法、营地建设与管理、户外求救技能、野外活动技能。

（一）计划与准备

拓展培训师应该具备足够的策划能力，来筹备和引导队员从事户外运动活动。俗话说：好的计划是成功的一半。制订周密的户外运动计划有助于提高活动质量。计划制订、组织实施和团队信息是实现活动目标和避免事故发生的基础。

（1）活动参与人群分析：活动参与人群分析是设定目标的第一步，是活动是否安全和顺利开展的基础。根据目标人群的需求、类型特征和技能水平制订计划。

（2）活动目标的设定：是决定活动结果的首要因素，有了目标，才可以根据目标来安排活动内容，才可以使队伍得到最大收获。

（3）活动资源测评：是对活动开展条件的测评，包括物理条件、团队管理、分工及资金预算。

61

（4）活动评估：修订、确认计划中涉及的各项事务，计划再确认，制订备份计划。

（一）熟练掌握拓展培训的相关知识

无论从事哪个行业，知识都是基础，能力都是关键。作为一名合格的拓展培训师，必须掌握拓展培训的基本知识。比如，拓展培训的起源、发展、功能和作用以及国内和国外发展现状、发展趋势等，以及拓展培训的内涵性知识，如拓展培训项目及其培训手段和教育模式等。由于拓展培训是综合性的社会学科，一个合格的拓展培训师必须具备教育学、体育学、心理学和管理学等学科的相关专业知识。

（二）熟练应用各种拓展培训器材

拓展培训器材在拓展培训活动中是非常重要的，拓展培训中需要使用很多种器械，有些专业器械对于获得的开展及其重要，拓展培训器械主要包括保护性器械、辅助性器械、模拟器械和道具等，每一种器械都有它独特功能和价值，作为一名合格的拓展培训师必须掌握各种器械的性能，并熟练其使用方法，尤其是掌握各种保护器械的操作和使用方法和熟悉运动场地的运动规律，才能够将拓展训练内容更好地融入到各种户外运动项目和游戏活动中去，达到寓教于乐的训练方式。

（三）熟练掌握专业的安全保护技能

安全是一种意识，一种习惯，安全问题是拓展培训中的首要问题，这种安全意识、行为、能力一定要根植于每一位培训师的脑海里，形成一种习惯，每个人的习惯就是拓展培训行业的文化，它影响着整个拓展培训行业的发展和繁荣。拓展培训师的高度的安全意识是建立在专业知识和丰富经验的基础上的。有句话说得好：初生牛犊不怕虎。一个对拓展培训认识肤浅、经验贫乏的拓展培训师是不会也不能具备高度的安全意识和风险预见性的。安全行为能力是建立在其具备的专业的安全保护技能的基础上的。一个具有高水平安全保护技能的培训师，才能游刃有余地带领学员完成攀登、跳跃、下降等一系列具有一定风险性的拓展活动。安全保护技能低下的拓展培训师，在培训过程中会顾此失彼，不但保证不了学员的安全，还会影响学员参训心态和培训效果。

（四）急救与应急反应

在户外活动中，一旦发生险情或事故，需要进行救援时，领队应保持清醒、冷静的头脑，判断所面临的风险形势及其发展趋势，沉着应对。拓展培训师必须发挥强有力的领导力，把大家组织起来，安定情绪，安排好各自的职责，做紧急救援处理。急救过程中注意的原则是：先排险后急救、先重伤后轻伤、先施救后运送、急救与呼救并重。

二、拓展培训师应具备的弹性技能

（一）沟通能力

是领队的基本能力，可以直接影响与参与者的关系，能够保持有效控制并把握合理的安全边界。良好的沟通态度，能够促使领队和队员之间理解共同关心的问题、理解信息内容、保证信息实用且有效。

领队在沟通过程中应简单明了、表达精练、生动活泼、有感染力，善于联系队员的思想实际，考虑到大家的理解水平。表达方式要考虑教学效果，语言不宜过长，也不能过多停顿，很长的讲解会使大家疲劳，也不符合精讲多练、练中提高的原则。

（二）判断与决策能力

预见性是领队在做决定时的能力表现，走一步算一步不是一个优秀的拓展培训师应有的态度。成功或失败的经验都可以作为决策的参考依据。例如，在登顶玉珠峰的过程中突然遇到风雪交加的天气，这时是下撤，还是继续突击？需要根据主客观条件进行决策，一支队伍继续突击，结果造成 3 人遇难的惨剧；另一支队伍继续前进，结果安全、顺利地登顶，全部学员欢呼雀跃。拓展培训师的权威是建立在精准判断和强大决策能力基础上的，当然这些能力是建立在其丰富的经验和知识的基础之上的。

（三）风险管理能力

拓展训练中许多项目具有挑战性和刺激性，风险与安全意识一刻也不能放松。大自然在带给我们快乐和健康的同时，也充满了各种各样危险和不确定因素，因此必须注意安全，安全因素是户外拓展培训的前提。

拓展培训师一定要确保安全装备的完善，选择最佳地点和训练内容。拓展训练活动组织过程中没有安全保障的活动是绝对不能进行的。每个活动进行前应讲清活动的实施方法及安全注意事项，进行必要的安全检查，活动进行中要严格监督与管理。

预先做好意外风险的应对准备，经验越丰富的拓展培训师，职业敏感性越强，风险防范意识越高。活动中出现意外情况，应急应变能力强，能及时启动应急预案，安抚伤者情绪，做好护理措施，防止危险的扩大化，稳定其他队员的情绪等。采取相应的措施妥善处理后再次对伤者做安抚工作，减少心理伤害。

（四）活动组织和管理能力

拓展培训师在组织活动中既要充当领导者，还要充当计划的制订与实施者、安全卫士、决策者、冲突调解人、教练和老师、环境捍卫者和队员等角色。培训师风格是随着户外运动经验的积累和对领队工作认识的不断加深逐渐形成的。拓展培训师的特长越明显风格越突出，拓展培训师独特的风格和人格魅力是做好培训和管理的核心条件。

拓展培训师要通过训练来增强大家的团队意识，增强队员之间的合作意识；培养队员的沟通能力以及掌握人际间的协调能力，增强他们的认同感和信任感；培养他们的管理和组织能力，增加之间的责任感。

（五）领导力

拓展培训师是开展拓展培训的核心人物。一名成功的拓展培训师可以带领队员完成激动人心的巅峰之旅。作为拓展培训师要记住自己的责任和目标，不断学习、提高，审时度势，果断决策，机敏、妥善地处置各种问题，把队员带到胜利的彼岸。

作为拓展培训师，只具备专业的知识与技能是远远不够的。我们都知道，优秀的运动员不一定就是优秀的教练员。一次成功的拓展培训不仅要求培训师具有很强的拓展运动技能，而且需要很强的组织能力。良好的体验式学习氛围的营造，关键在于拓展培训师的组织力和领导力。

（六）环保意识

环保不仅是一种行为，更是一种美德，是衡量一个户外人的基本道德准则。拓展培训师应主动去执行环境最小冲击法则，即 LNT 法则。在活动过程中要想最大限度地降低对环境的破坏，首先要提前认真准备，防患于未然；了解并遵守当地规定；为避免毒草伤害，检查着装和装备；始终走在步道上，并沿固定路线前行，若没有步道，选择可耐受地面前行；所有人文古迹，都不要试图去破坏；噪声做到最小化；营地生活和炊事要干净整洁；做到野外不生火；污物远离溪流和湖泊等水源地；将垃圾和污物全部带走；与野生动物保持合适的距离。

任务三 拓展培训师培训与考核

▶▶ 案例：

2013 福州市等高线拓展培训师培训方案

一、教学目的

为了适应户外拓展培训行业的快速发展，提高拓展培训师素质和技能，特组织本次培训。

二、培训内容

（1）学会以下绳结：固定绳结如8字结（包括单8字、双8字、编式双8字、改良双8字）、布林结（加编式8字结收尾）；结绳绳结如渔人结、水结、平结的用途及原理，单环结和抓结只做一般了解；各种绳结的用途。

（2）安全器材（绳索、安全带、铁锁、下降器、上升器）的使用方法及其操作（包括法式5步保护法）。

（3）如何设置安全的保护点及其原理。

（4）安全器材的例行检查、保养及其报废。

（5）高空断桥的组织方法和流程。

（6）信任背摔的组织方法和流程。

（7）限制性价值理念的松动和积极的价值理念的植入。

（8）拓展活动项目体验式学习（融冰项目：团队建设、进化论、莫斯密码等；协作项目；盲人方阵、风雨人生路、搭书架等；传递类：柳毅传书、传递吸管、时空隧道等）。

三、拓展培训师注意事项

（一）价值观

（1）培训师须在学员面前树立良好的精神风貌。

（2）语言和行为体现拓展文化及价值观。

（二）称谓

（1）请规范称谓：直呼名字或职位名称，或"老师"称呼。

（2）向学员介绍，统一以职位、培训师、老师称呼；相互理解、尊重；相互帮助、支持工作。

（三）着装

（1）带班期间应着拓展统一分发之服装，着装整齐、统一。

（2）带班期间不得着短裤。

（3）妥善保管所发服装，由于自身原因造成培训服缺失、损坏者，自行购买，不再重新发放。

（四）作息时间

晚上除集体组织的学习、活动外，规定于 23：30 前就寝，避免影响同宿舍培训师休息，保持充沛精力、体力，保证工作质量。

（五）安全

（1）在进行某些项目如天梯、空中单杠、攀岩等由学员参与保护的项目时，应始终严密监控保护情况，如遇学员违反操作程序或保护方法不规范时应立即禁止；在无其他具有单独项目监控资格的培训师在场的情况下，培训师禁止攀爬任何训练器械；同时，本校不建议培训师给学员做示范或与学员进行结组攀爬。

（2）在培训期间培训场地内如遇学员吸烟立即禁止。

（3）培训期间如遇学员吃口香糖，则应立即禁止。

（4）如发现其他培训师在操作过程中存在安全隐患，则应立即通知该名培训师，但注意尽量不引起学员注意，控制培训气氛。

（5）培训当日三餐内不得饮酒，如有学员当晚报到，则晚餐不得饮酒。

（六）培训期间

（1）基地培训期间不得携带手机/呼机。

（2）训练期间，按量取用瓶装矿泉水；休息期间，请尽量从饮水机中取水，如需加餐方便面，请酌量领取，自觉登记；用过的面盒，请马上收拾到垃圾箱内。

（3）由于拓展的理念在于"真正的敌人是自己"，因此培训中应不鼓励队与队之间的竞争并应积极对其引导。所有项目除晨练中跳绳比赛外，不得擅自安排或变更项目以达到对抗性目的。

（4）如有项目交接，培训师应按基地规定的交接时间进行，培训师也可自主商议备份方案。如无备份方案备选，则必须在约定时间完成项目交接，并向学员做出合理解释。未做完的项目可在不影响其他队训练的基础上补做。如时间延误超过 10 分钟，则按事故处理。

（5）培训期间不得擅自变更或增减项目。备选项目的选择请见客户部预订单或班前会课表。如客户要求更改项目，则必须与客户经理联系取得客户经理的同意方可。

（七）其他

（1）除培训师宿舍外，整个培训基地不得吸烟。

（2）如果是统一召集赴基地，请准时到达集合地点；有极特殊情况，不能及时到达者，要马上通知负责接送的老师。在没有得到通知的情况下，接送车在规定集合时间 10 分钟后出发，不再等候。到达基地后，由基地主管安排宿舍；进驻后，请将随身行李放置在衣柜、床柜中，保持室内整洁；休息起床后，及时把床铺整理好，宿舍内禁止吸烟。

（3）基地工作期间，请遵守各基地规定细则要求，严格工作流程：班前准备会、器械管理规定、班后总结会，认真填写绩效考核表，班后会记录表，基地主管签字确认；所有集会，禁止吸烟、禁止赤膊、穿拖鞋；手机、呼机关闭；没有特殊情况，培训师回城由学校统一安排，不乘坐学员的车，以保证班后总结会质量。

（4）请保持办公室卫生、整洁；爱护办公、医疗设备，按规定取用、回位、上交；请勿将个人物品放在办公室。

（5）摘挂器械后，须将相关器械放回原处，并将器械保持回其初始状态；如系某项目当天最后一位带班培训师，且该项目为高空项目，则要求由该名培训师负责摘收该项目的保护器械（要求在培训结束后进行）；如该项目为罐头鞋或求生，则须在该项目结束后回顾前由学员协助将器械复位。孤岛项目进行完毕必须马上复位。

一、拓展培训师培训

（一）拓展培训的安全注意事项

1. 方针

安全是拓展的生命，但更强调安全第一，预防为主，从本质上消除任何安全隐患，做到本质安全。

2. 原则

备份原则、复查原则、监护原则。

3. 目标

让安全成为我们的一种生活方式，因为安全与不安全之间没有过渡，只要踏出100％安全一步就进入100％不安全（见图6-2）。

4. 安全保障

（1）完善的体系。

（2）安全意识。

（3）合格的装备。

（4）正确的操作方法。

（5）丰富的经验。

5. 安全管理三要素

（1）消除物的不安全状态。

（2）杜绝人的不安全行为。

（3）控制环境因素。

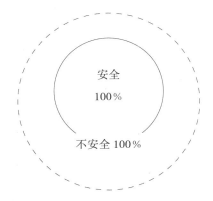

图6-2　安全与不安全之间没有过渡

（二）熟悉器材的安全标准

由于拓展训练的一部分场地课程要求学员在空中完成攀登、跳跃、行进、下降等动作，为了确保学员安全，培训时所使用的保护装备均应为进口一流的专业登山器材，统一采购，主要包括：登山绳、安全带、铁锁、下降器、上升器、头盔等，以下对这些训练器材的安全标准进行简单介绍，可根据这些标准进行选择。

登山器材至少应遵循以下两个标准中的一个：UIAA（国际登山联合会标准）、CE（欧洲标准），而绳索和头盔则必须要求有UIAA的认证。

1. 绳索（表6-1）

表6-1 动力绳的标准与作用

项目	标准	作用
类型 （以下各项标准均针对动力绳）	动力绳（Dynamic） ①单绳（Single）直径一般大于9毫米，统一选用10.5毫米单绳	动力绳因为有一定的延展性（6%～8%）故能有效地承受因攀登者坠落而产生的冲击力，又不会对人体造成不必要的伤害
	静力绳（Static）	下降专用，延展性近似于0，不能用于保护会产生冲坠的攀登
	扁带（Tape）	可根据需要截取连接成为长短不一的绳套，用于器材之间的连接或固定空中作业者。注意扁带的延展性近似于0
最大冲击力 （Impact force）	80kg物体发生坠落系数是2的坠落过程中最大不能超过12KN（坠落系数＝坠落距离/保护时放出绳索的长度）	冲击力是坠落被制止住时传给攀登者的力量，它也沿着绳子传到保护点、铁锁和保护人。若冲击力超过12KN，就可能对身体造成严重损害（这是最根本的数值，一切登山器材的受力要求几乎都据此推出）
打结能力 （Knot ability）	一个承受10kg拉力的单结的内径必须小于绳径的1.1倍	这个数值越小，绳子越柔韧
下坠次数 （No. of falls）	必须能连续承受5次系数为2的坠落	坠落次数越大的绳子就能用得更久
锭数 （Number of bobbins）	48锭	动力性更好
	32锭	更耐磨
延展性 （Extension）	在80kg的拉力下，单绳小于8%	弹性使绳子吸收坠落能量
护套滑 （Sheath slippage）	小于1%	

2. 安全带

一般使用的安全带分为坐式和全身式二种。

（1）坐式安全带：系于腰部，由腰带与腿带组成，腰带上有一些环带，是各种保护装备与人体的连接装置。坐式安全带的主要受力部位为腰，腿部可以分担一些力量。

（2）全身式安全带：是在坐式安全带的基础上增加了一根背带，通过两肩在前胸和后背交叉，主要受力点在胸背部。

3.铁锁（见表6-2）

表6-2 铁锁的标准和作用

项 目	标 准	作 用
类型	D型（铝合金或钛合金）	几乎全部负荷是由开口对面的长边承受，因此承受拉力大
类型	O型（钢制）	负荷由两边平均分担，缺点是承受拉力小，优点是摩擦力小，运动性好
	改良D型（铝合金或钛合金）	体积小，腰果形，开口大，操作方便
正常受力	大于15KN	在严重的坠落中要想获得最大的安全，铁锁最起码要能承受起15KN的负荷，铝合金铁锁的正常拉力一般在20～30KN，钢制铁锁承受的拉力会更大
横向受力	为正常受力的1/3	
开口开启时受力	为正常受力的1/3	
开口	丝扣	略
	自锁机关	操作复杂，易损坏，但更安全

4.下降器（见表6-3）

表6-3 下降器的标准和作用

项 目	标 准	作 用
类型	8字环	省力、安全、操作简便
	GRIGRI	有自锁功能，可用于空中操作、救援等
	ATC	管状下降器，方便性不如8字环
承受拉力	25~30KN	

5.上升器（表6-4）

表6-4 上升器的标准和作用

项 目	标 准	作 用
倒齿	适用于9~11mm绳	利用倒齿与绳索的单向咬紧，使其在正常状态下仅能在绳索上向上方移动，起到顺绳上攀和固定保护空中作业者的作用
承受拉力	大于5KN	

（1）识别安全器械：绳索（静力绳、动力绳、扁带）、安全带（全身式安全带与坐式安全带）、铁锁（D型锁、O型锁、改良D型锁）、上升器、下降器（8字环、Grigri）介绍其应用原理。

（2）器材的性能及安全标准．

（三）训练器材的使用方法、例行检查、保养及报废

1. 训练器材的使用方法

所有器材均应严格遵循正确的使用方法。

（1）绳结。绳结是绳索与绳索之间、绳索与其他装备、攀登者身体或其他物体相互连接和固定的方式。结绳技术是否运用得当，直接影响绳索使用的质量和效果，更关系到攀登者的安全。结绳的原则是科学实用、牢固可靠、简单易结和易解。培训师不但要依以上原则熟练掌握，还要熟悉各种绳结的用途，这样才能在实际应用中才能临危不乱。

（2）穿着安全带注意事项：① 坐式安全带的腰带顺向插入环扣后，一定要折回来再反向插入环扣，我们称之为腰带的反扣，以增大摩擦力，防止腰带脱开。② 调整好腰带和腿带的长度，腰带略紧，腿带要松紧合适，以能插入一手掌厚度为宜，调整好重心；腰带要尽量上提使之紧贴腰部。扣上铁锁后，铁锁应位于身体的正中，使重心稳定。

全身式安全带的穿着是在穿好它的下半部分（同坐式安全带）的基础上，将背带套在双肩上，按体形调整好长度，背带要非常紧，在背带连接处打好反扣。还有一些安全带在腰带和腿带上设计了自动反扣的功能，穿时只要收紧就可以了。

连接：坐式安全带的连接点在体前腰带与腿带相结合的部位。在保护可能会产生冲坠的攀登时，应将绳索以8字通过结的方式直接系于安全带上。为了避免操作烦琐，也可以采取用铁锁将绳子与安全带连接在一起的方式，绳头打改良8字通过结。全身式安全带挂绳索的连接点在后背。

注意事项：每次使用前均应仔细检查，穿时注意反扣，穿好安全带后不要随便坐在地上；有的项目如天梯，学员会抓住同伴的安全带腰带用力攀登，要提醒学员不得抓安全带腰带上挂器械的环和腿带。

（3）铁锁。使用铁锁时要特别注意：挂在保护点上后要将开口翻至朝下，也就是说大头朝下，这样既可便于挂绳，又可避免丝扣的意外开启。如需在一个保护点上挂两把铁锁，则要使两把铁锁的开口相反。在使用带丝扣铁锁时，应将丝扣拧好，但不宜拧得过紧，以免拆时打不开。铁锁挂在安全带上时，应大头朝上，开口向内。自锁大铁锁用在天梯上时，挂好后要将机关锁住。

（4）下降器。

保护方法：① 法式五步保护法。② 攀岩、攀爬天梯因攀登者下坠时往往会被直接固定在空中，为了使攀登者更安全，保护者更省力，我们采用将8字环固定在训练架上的方式，收放绳和换手动作与上述人体保护类似。③ 如学员参加保护，应安排副保护两人，协助收绳并将绳子理顺，在主保护者出现失误时，迅速将绳拉紧。无论采取哪种保护方式，也无论保护者的力量有多大，一个人要想不借助绳索与器械之间的摩擦，而拉住同自己体重差不多又突然下落的物体是绝对不可能的。保护技术并不难掌握，多实践几次就可操作熟练，但绝不可麻痹大意。保护时大家要牢记以下几点：

第一，保护者自己的重心稳定是很重要的，如控制不好，最严重的问题是攀登者下坠的强大冲击力会将保护者拉到空中。最有效的办法是固定保护者。还有，保护者体重最好不要轻于攀登者太多。

第二，保护时一定要戴手套，因为放下攀登者时绳索在手中的滑动摩擦转变为热能，手掌根本无法承受。

第三，保护者一定要精力集中，仔细检查装备无误，与攀登者互相联系好后再开始攀登，并密切注意观察攀登者。当攀登者遇到难点、体力不支或动作明显不协调时，时刻做好制动准备。

第四，不要把绳拉得过紧或放得过松。过紧会妨碍攀登者的动作，过松则失去了保护的意义。

下降方法：① 器械下降的原理同保护技术类似，即利用主绳同连接于身体上的 8 字环之间的摩擦，减缓并控制下滑速度达到下降目的。其方法及要领是：将主绳一端在顶部固定，另一端抛至下方，或把绳索中间在上方固定，两端同时抛下，双绳下降。下降者在腰部系好安全带，挂好铁锁，戴好手套、头盔，先用一绳套将自己固定在上端。以右手为主要用力手为例，将主绳按"8"字形缠绕于 8 字环上，再将 8 字环和铁锁连接（最好通过一短绳套），左手握主绳上端，右手在胯后紧握从 8 字环穿绕出来的主绳，面向岩壁，两腿略分开蹬住崖棱，身体后坐，躯干与下肢约成100°角（如将上方主绳搭于崖棱上，崖棱与绳索间要垫软质物体，尤其是单绳下降时），左右脚上下支撑，用前脚掌蹬住岩壁，在下降绳索受力绷直后，解开固定自己的保护绳套，便可开始下降。先上体略后倾，臀部后坐，身体重心落于臀部，同时右手稍微放松握力，绳索即开始滑动，身体下降。这时，膝盖弯曲不要过大，两脚要随身体的下降而迅速倒脚向下移动，使之始终同身体保持一定的角度，维持身体平衡；左手只在上方虚握绳子以加强控制，并不用力；身体略向右侧倾斜，眼向后下方观察下降路线，有大的凸起或凹进的地貌可脚蹬岩壁横移身体避开（但此时必须要注意上方绳索在崖棱上的磨损）。下降速度的快慢主要看右手握绳的松紧程度，握得松送绳就快，下降速度就快，倒脚相应也要加快。一旦要停止下降，右手只要将主绳握紧，即可制动。一般情况下，右手只是靠放松、握紧来调节速度，手的位置始终背于胯后紧贴身体，但有时下降者体重较轻再加上双绳下降摩擦力大速度很慢甚至"降不动"时，也可慢慢地用右手向上送绳，但要时刻注意与下降器保持一定距离，以免手被卷入下降器出危险。而且，这时左手就要配合右手，握紧下降器下方的绳子。以上操作，左利手者正好相反。② 对下降者进行保护的方法是：握住绳索底端，先不要用力，注意观察下降者。一旦下降者速度过快或平衡失去控制，保护人要迅速在底部拉紧绳子。此时绳子即在下降者腰间的 8 字环上磨紧，下降者被固定在空中，起到保护作用。③ 我们在使用 8 字环做保护和下降时，曾出现过如下紧急情况：套在小环上的那部分绳子在操作过程中忽然上翻到大环上面，与进入大环的两段绳子摩擦并压紧，导致下降者或被保护者困在空中。造成这种情况的原因有二：器械问题：绳索过旧而变粗变硬，使用时不能紧绷在8字环上滑动而致意外上翻，在双绳下降时尤为突出；操作失误：在下降前及放下被保护者时绳子没有收紧，或放人时把没有进入8字环的那段绳子抓得太紧，也会造成绳子在8字环上过于松弛而上翻。避免措施：不要使用过旧，尤其是已变形、变硬、起毛的绳索，注意操作技术，下降前，应使主绳受力绷紧，再松开副保护绳套下降。在出现紧急情况后，教练员应沉着冷静地迅速采取措施，方法如下：

第一，学员下降过程中，头发、衣服卷入8字环或因绳索问题被困空中，培训师应指导学员右手握紧绳子，保持静止状态，并迅速启用备用绳索，用GRIGRI降到学员身旁稍偏上的位置，用绳套将学员和自己连接固定，尽力向上拉起或托举学员，使绳索和8字环松弛，帮助其解出缠绕物，或将绳索置于正常位置；如无法解脱，则应在确保学员与自己固定牢固后，保护好自己，用刀将学员的下降保护绳割断，与学员一起降至地面。

第二，如培训师自己下降出现如上问题，则在固定自己的情况下将上升器挂在8字环上面的绳索上（高度要高于头部），用力将自己拉起，使8字环松弛解脱。如无法解脱，则应叫人帮助，方法同上。

第三，将攀登者从空中放下时，因8字环位置绳索缠绕，攀登者被困空中，应迅速指导保护者右手握紧绳索将攀登者固定，然后几人一起用力拉从上保护点下来尚未进入8字环的绳子，使8字环松弛，将绳索置于正常状态，把攀登者放下。

下降注意事项：

下降前要有足够的精神准备，消除恐惧心理，细心大胆，果断沉着，动作敏捷准确；

下降前一定仔细观察，确认绳索已到底并富余出2~3m，千万不可盲目下降，另外无论单双绳，其下端必须打8字结，以免被困空中或途中滑脱；

严格注意绳索与悬崖棱角的摩擦，尽量使用双绳。选择好下降路线，以坡缓、支点多、高度低、风化程度小为好；

下降时必须戴手套，尤其是主要操作手，以免擦伤或绳索摩擦生热烧伤；下降速度应是缓慢、匀速的，绝不能过快。除非为了避开难点，不要在岩壁上用脚一蹬一蹬地下降；

下降时身体任何部位都要同下降器保持一定距离，上身略向后倾，并时刻注意观察，谨防衣服前襟、领子、袖子、头发、手套等卷入下降器造成危险。

（5）上升器。① 保护：上升器有左手和右手的区别，但无论是左手还是右手，使用时要求培训师均能够单手操作开关。② 利用上升器保护爬梯时，应在上升器的位置不低于人体重心（腰部）时尽量向上推动器械，向上爬后继续如上动作，推上升器时应完全与绳子平行，不要有角度。③ 利用上升器保护顺梯下降时，要用手指将倒齿半开关扳离绳索。在器械不受力的状态下向下拖动，达到身体重心时停止，向下爬后，继续如上动作。操作时动作要清晰，注意不要误触开启倒齿的开关。

（6）头盔

头盔主要用于防止高空落物以及避免攀登者因失手引起的碰撞，在做攀登、下降、空中行进、跳跃等高空项目时，必须佩戴头盔。戴头盔时要将下颌护带系好，松紧程度以头盔不会因摇晃及碰撞而脱落，并且，头盔受力时要尽可能地保证颈部的正直，长发必须盘入头盔顶部。

（7）安全的保护点的设置及其原理

内容略。主要向新培训师讲解在一根保护主梁上用两根绳套及四把铁锁为所有场地高空项目设置安全的保护点（见表6-5）。

表6-5　保护点或保护绳在不同角度受力分析

角　度	各保护点受力
0	50%
60	60%
90	70%
120	100%
150	190%
170	580%

2. 训练器材的例行检查、保养及报废

（1）应定期进行检查及保养的训练器材包括：登山绳、安全带、铁锁、下降器、上升器、头盔、绳套、扁带等。

（2）培训师有责任对任何可能造成安全隐患和事故的训练器材进行必要检查，在发现安全隐患的情况下，应立即向培训总监或其他教学人员报告或建议暂停培训活动。

（3）训练器材安全检查工作由培训总监负责领导，指派专人按照规定时间、项目和程序具体实施，并填写表格（格式见附录）。填好的表格应于三日内交本机构负责人处存档。如发现不正常情况，须立即汇报培训总监，并视问题性质、程度，协调相关部门和人员及时、妥善解决。

（4）不允许在超过规定时间而未进行例行检查的情况下继续培训活动，也不允许在未消除隐患的情况下进行相关培训活动。

（5）保持绳索等编织物清洁，必要时中性洗剂手工清洗。

（6）绳索等编织物不可重压、脚踩（脚踩绳子会使地面细沙进入绳索内部，产生割磨，天长日久造成隐患，并且容易绊倒保护者，造成保护失效）。

（7）训练器材出现如下情况应该报废：① 超过使用年限：绳索和安全带的使用寿命：如果每天都用，其寿命为3~12个月，建议每两年全部更换一次；如果每个周末和节假日才用，其寿命为1~2年；偶然使用的寿命为2~5年；使用超过5年的绳索必须更换。铁锁、下降器和上升器：由于金属铁锁的暗伤肉眼很难察觉，故制定出硬性的更换规定：使用超过 3 年必须更换；② 金属器材出现 3 米以上自由落体坠落，碰撞坚硬物体：水泥地、钢管等必须报废；③ 出现《训练器材例行检查项目及时间表》中所列正常标准之外的任何情况及有危险使用史的必须更换。

3. 训练器材例行检查及维护（见表 6-6）

表 6-6　训练器材例行检查项目及时间表

器　材	检查项目	正常标准	检查时间	维护保养
绳索及扁带	外观及触感	直径正常无膨胀变粗，不变扁，下垂后直、顺，不扭曲，垂性好	每次使用前后均由挂摘该项目器材的教练进行检查，每两周由专人仔细检查一次，并填写《训练器材定期检查记录表》	绳索每次使用后要解开所有绳结，整理平顺并收拢好，妥善贮存于阴凉、干燥的地方。保持清洁，每半年应视情况清洗一次，在清水中用中性洗涤剂清洗，然后将绳摊开在干净的地板上，让其自然阴干
		柔软度正常无变硬		
		触感平滑，无挑线、磨损及割破、刺穿		
		清洁无泥沙，无化学剂（如油漆、溶剂、酸碱等）污染		
		绳头紧固无散开		
		护套与内芯的相互滑动小于 1%		
	危险使用史	无长时间阳光直接曝晒史		
		无接触热源、油类、酒精、汽油、油漆、溶剂和酸碱、电池等化学剂史		
		无踩踏、坐卧、乱扔乱拖史（谨防岩屑、细沙留存纤维之间而造成缓慢切割）		
		无严重磨损（如将绳子跨在尖利的岩角或岩面上负重或横向摩擦）及重砸、重压史		
		无滥用（如拖拉汽车或捆扎货物）史		
		无遭坠落系数大于 2（坠落系数 = 坠落距离 / 保护时放出绳索的长度）的严重冲坠史		
		无接触火焰史		

续 表

器　材	检查项目	正常标准	检查时间	维护保养
安全带	外观及触感	外观正常，无严重扭曲		清洗方法同绳索
		各缝线处均正常，无开线、断线		
		无挑线、磨损及割破、刺穿		
		柔软度正常，无变硬		
		清洁无泥沙，无化学剂（如油漆、溶剂、酸碱等）污染		
		腰带头紧固无散开		
		腰带钢扣无磨损、裂纹		
	危险使用史	同绳索各项		
铁锁	外观及触感	外形正常，无变形，开口无弯曲		若铁锁锁口有细微的损伤刻边，可用锉刀小心磨掉；开口生锈或枢纽、弹簧处有污物，可用煤油、溶剂、汽油等滴在开关处，反复开闭，直到开闭平顺，然后除去清洁油
		表面无龟裂及伤痕		
		被绳索磨损厚度小于 1mm		
		丝扣正常，无溢扣，无脱轨		
		开口的开启、闭合平顺无阻碍，承重时能开闭		
		开口、丝扣、枢纽、弹簧清洁无污物，无锈蚀		
	危险使用史	无严重撞击、磨损史		
		无接触酸碱等腐蚀化学剂史		
		无接触火焰史		
		无滥用（如承受大于其标定拉力）史		
下降器	外观及触感	外形正常无变形		
		表面无龟裂及伤痕		
		被绳索磨损厚度小于 1mm		
下降器	危险使用史	无严重撞击、磨损史		
		无接触酸碱等腐蚀化学剂史		
		无接触火焰史		
		无滥用（如承受大于其标定拉力）史		

器　材	检查项目	正常标准	检查时间	维护保养
上升器	外观及触感	同铁锁		同铁锁
	危险使用史	同铁锁		
头盔	外观及触感	外观正常无严重磨痕		头盔表面可用清水擦拭，内里的尼龙垫可拆下清洗
		插扣、粘带、中枢等各连接环节齐全无缺损并使用正常		
		头盔内各支撑点均牢固无松动		
		尼龙固定带柔软、平滑，无挑线、磨损，带头无散开，缝线无开线、断线		
	危险使用史	无严重撞击、磨损史		
		无接触酸碱等腐蚀化学剂史		
		无接触火焰史		
		无滥用（如盛物或被坐）史		

二、拓展培训师的考核

（一）理论考试

通过试卷库抽题，进行测试。

（二）操作技能考试

安全与器械操作考试，具体内容和测试方法见附件。

附件一

安全与器械操作考试评估表

（总分100分，在安全考核的综合评定中占80%）

被考核人：_____ 日期：____年___月____日 考核人姓名：_____

所用时长：_____ 考核次数：_____ 考核内容：_____

事 项	是	否	计 分	备 注
是否备好全部器械，并无缺少或过分冗余			5分	
在自我保护中有无遵循备份原则			8分	
操作中有无遵循复查原则			8分	
上保护点铁锁开口是否朝下			5分	
铁锁丝扣是否拧好			8分	
同时使用两把铁锁时开口是否相反			5分	
安全带穿着位置、松紧是否符合要求			8分	
安全带穿着是否打反扣			10分	
是否按要求及规范佩戴头盔			5分	
器械在安全带上是否以正确的方式挂在正确的位置			10分	
上方保护点位置是否恰当			6分	
能否单手操作上升器			5分	
上推上升器时是否保持在腰部以上			6分	
下降和保护时是否按规定佩戴手套			5分	
下降时下方绳索末端是否打结			5分	
地下下降时速度是否慢速及均匀			5分	
下降时身体控制是否恰当			5分	
所有保护挂毕保护绳末端是否规范化摆放			2分	
绳结是否正确并符合规范			10分	
挂断桥绳索是否正确（长绳在后／短绳在前）			5分	
用8字环保护手法是否规范			10分	
用8字环将人从空中放下时速度是否均匀并缓慢			6分	

事 项	是	否	计 分	备 注
能否正确指导他人进行器械操作			6分	
收摘器械后能否将所有器械正确归库			2分	
能否在规定时间内完成挂器械的整个操作程序			6分	
正确讲述并监控安全带的穿着方法及要领			8分	
正确讲述并监控头盔的佩戴方法及佩戴要领			3分	
能否正确讲述并监控铁锁的使用方法及要领			6分	
能否正确讲述并监控上升器的使用方法及要领			6分	
能否正确指导并监控他人用8字环进行安全保护			10分	
操作过程中是否注意不要踩到绳子			6分	
操作过程中是否注意避免器械坠落			6分	
有无其他违规操作的现象			5分	
总计			分	

考核人签名：_____

附件二：

<h1 style="text-align:center">培训师考核表</h1>

被考核人姓名：

考核次数：　　　　考核时间、地点：

内容／评分	5	4	3	2	1	补充说明
一、基本要求：本条目下不能有单项低于3分（不含），本条总分不得低于30分						
为人正直						
体现拓展价值观						
敬业，有强烈的责任心						
积极、热情，感染力强						
客户导向强						
自信心强						
形象良好						
体能良好						
二、组织能力：本条目下不能有单项低于2分（不含），本条总分不得低于10分						
气氛调节						
节奏控制						
时间把握						
情绪调动						
三、项目布置：本条目下不能有单项低于3分，本条总分不得低于18分						
器械准备						
现场准备						
完整、连贯、准确						
音量、口齿、语速						
手势、站位、眼神						

内容／评分	5	4	3	2	1	补充说明
四、活动监控：本条目下不能有单项低于3分，本条总分不得低于18分						
安全意识强，能给人安全感						
操作娴熟、站位准确						
情况记录完整准确						
介入时机与方式恰当						
应变能力强，思维敏捷						
五、回顾：本条目下不能有单项低于2分，本条总分不得低于20分						
主题明确						
逻辑清晰						
说服力强						
沟通力强						
知识面广						
理论灵活运用						
倾听、提问与引导适当						
六、紧急情况处理能力：本条目下不能有单项低于2分，本条总分不得低于6分						
意外事故						
学员额外要求						
七、团队合作精神：本条目下不能有单项低于4分，本条总分不得低于8分						
遵守学校纪律						
与其他培训师及队员的沟通与合作						
八、其他						

说明：

考核必须由各机构培训总监安排，由专职培训师或高级培训师专门进行，全程监控，并在考核后写出评语，给出建议；

5分为优秀，4分为良好，3分为一般，2分为较弱，1分为差；

本评估表总分为165分，及格分为110分；

规定考核次数为2次，不少于3天。第一次考核不得低于100分，第二次考核不得低于110分；

如第一次考核高于100分，则直接进入第二次考核；如第一次考核低于100分，则增加2天实习带队才能进入第二次考核；

如第二次考核高于110分，则考核通过评聘上岗；如第二次考核低于110分，则增加3天实习带队后进行补考；

如补考低于110分，则还需进行下一次补考。补考总数不得高于3次；

培训师考核带班学员满意度评估不得低于4.5分，不得出现任何级别的责任安全事故，不得出现任何客户的投诉。

附件三：

培训师上岗考核表

被考核人：_____　　考核人：_____　　地点：_____

时间：　　年　　月　　日至　　月　　日　参训单位：_____

项目要求 100 分	评委 1	评委 2	评委 3	总分
眼神 10 分				
语气 10 分				
体态 10 分				
声音 10 分				
手势 10 分				
准确度 10 分				
流畅性 10 分				
整体感觉 30 分				
项目布置 100 分	评委 1	评委 2	评委 3	总分
物品取用 10 分				
物品归位 10 分				
手法 10 分				
安全性 20 分				
连贯性 10 分				
清晰度 10 分				
细节习惯 10 分				
整体感觉 20 分				
器械使用 100 分（90 分及格）				

其他环节	评　估	备　注
热身		
晨练		
准备活动		
大总结		

附件四：

培训师项目操作表

	优　点	待改进之处
项目布置		
项目监控		
项目回顾		
其他		

是否通过考核：＿＿＿＿＿＿＿＿＿

绳结考试内容：

请大家在 5 分钟内每人身上都穿着一条安全带（提供不同形式的安全带，而且考试时为团队项目，只要有一人没穿对，全队都不合格，考验大家对安全带的掌握及复查原则）。

绳结要求（绳结考试为个人独立完成）：

（1）正确。

（2）位置恰当，绳结紧凑，美观，整理平顺、清楚。

（3）如打固定的绳环，应大小适中（挂铁锁的绳环长度在 10CM 左右）。

（4）需打防脱结的必须合格打好。

（5）绳头留出 10CM 左右。

（6）应在规定的时间内完成。

请在绳头打一个双 8 字结，时间 3 分钟。

请将两根直径相同的绳子接在一起，时间 3 分钟。

请将绳子固定在规定的固定物上，单绳使用，时间 4 分钟。

请用扁带制作一条 60CM 长的绳套，时间 3~5 分钟。

请将绳子收盘好，时间4分钟。

器械操作考试Ⅰ（个人独立完成，抽签）

要求：

（1）上保护点和保护绳必须安全地挂在正确的位置上。

（2）绳结必须打好。

（3）多余的绳索必须收盘妥当。

（4）考核时有下降要求的必须顺绳下降。

（5）操作过程必须符合公司安全原则。

（6）应在规定的时间内完成。

请你挂好天梯（场地）的保护器械，并顺绳下降，时间20分钟。

请你挂好断桥（场地）的保护器械，时间15分钟。

请你挂好单杠（场地）的保护器械，并顺绳下降，时间20分钟。

请你挂好缅甸桥（高空相依、独木桥）的保护器械，时间20分钟。

请你挂好攀岩（路线）的保护器械，并顺绳下降，时间20分钟。

请你拆除天梯（场地）的保护器械，并顺绳下降，时间20分钟。

请你拆除断桥（场地）的保护器械，时间15分钟。

请你拆除单杠（场地）的保护器械，并顺绳下降，时间20分钟。

请你拆除缅甸桥（高空相依、独木桥）的保护器械，时间15分钟。

请你拆除攀岩（路线）的保护器械，并顺绳下降，时间20分钟。

器械操作考试Ⅱ（个人独立完成，队友配合，抽签）。

请你指导一名学员顺利完成断桥项目。

请你指导一组学员顺利完成天梯项目。

请你指导一名学员顺利完成空中单杠项目。

请你指导一名学员顺利完成缅甸桥（高空相依、独木桥）项目。

请你指导一名学员顺利完成攀岩项目。

一名学员在做断桥时不敢完成动作，你用尽了常规的劝导与鼓励均不奏效，请你先行过去，再将学员接过断桥。

一名学员在做断桥跳跃时，不慎失足落下桥板。看起来他虽然没有受伤，但无力爬上桥板，请你将他拉上桥板，再根据情况采取正确的行动。

器械操作考试Ⅲ

培训师进行一次挂器械的演示，故意出错（如安全带不符合规定、在低空掉器械、头盔戴歪、备份及复查等与原则不符、器械挂得不正确、绳结不对、不把绳收盘好、踩绳、下降不戴手套、单手下降、下降速度过快等，但这名培训师必须经验丰富并必须保证自己的安全和器械的无损），或一人考核时其他人都在下面观察，让大家挑错，每人独立写在白纸上，多选，但不得错选和漏选。

实 践 篇

项目七　高空拓展项目

————— •(※)• —————

任务一　蹦极

一、蹦极的方法

（一）绑腰后跃式

挑战者绑腰站在跳台上采用后跃的方式跳下（见图1-1），此跳法为弹跳初学者常用动作，弹跳时仿佛掉入无底洞，仿若整个心脏皆快要跳出，约5秒钟时突然往上反弹，反弹持续3～5次，整个过程约1分钟，使人感到紧张又刺激。

图7-1　后跃式蹦极（高明塘伙实训基地供图）

（二）绑腰前扑式

挑战者绑腰站在跳台上，以面向前扑的方式跃下（见图1-2）。此跳法为弹跳初学者基本动作的另一种尝试跳法。这种跳法近似于绑腰后跃式，但弹跳者为面朝下，当蹦极者面朝下坠落时，看着地面扑面而来，听着风声忽忽吹过耳边，真正感受到视觉上的恐怖与无助。弹跳绳停止反弹时能真正享受重生的欣喜。

图 7-2　绑腰前扑式蹦极（高明塘伙实训基地供图）

（三）绑背弹跳

绑背弹跳被喻为最接近死亡的感受（见图 7-3），弹跳者将装备绑于背上，倒数五、四、三、二、一后双手打开，双脚往下悬空踩下。

图 7-3　绑背蹦极（高明塘伙实训基地供图）

（四）绑脚高空跳水式

这种跳法是弹跳者表现英姿最酷的跳法（见图 7-4），这种跳法是将装备绑于绑踝上，弹跳者站于跳台上面朝下，弹跳者倒数五、四、三、二、一后即展开双臂，向下俯冲，仿若雄鹰展翅，气概非凡。

图 7-4　绑脚高空跳水式蹦极（高明塘伙实训基地供图）

（五）绑腰后空翻式

绑腰后空翻式跳法是弹跳跳法中难度最高的（见图7-5）。此种跳法为将装备绑于腰上，弹跳者站于跳台上背朝后，倒数五、四、三、二、一后即展开双臂，向后空翻，此种跳法需要强壮的腰力及十足的勇气。

图7-5　绑背后空翻式蹦极（高明塘伙实训基地供图）

（六）双人蹦极

双人蹦极有双人绑腰跳（见图7-6）和双人绑脚跳，此种跳法对教练人员的身体素质要求较高，操作比较复杂，双人跳由于存在一定的风险，因此只有跳过蹦极的人才可以进行双人跳。

图7-6　双人蹦极

二、蹦极的注意事项

跳蹦极的危险相当于驾驶时速160千米的汽车急速冲刺，但从理论上讲死亡概率只有五十万分之一。

从医学角度看，蹦极运动对人体有几种潜在的威胁：其一，在下落过程中视网膜下毛细血管的破裂而造成暂时性的失明，一般几天之内就可以恢复；其二，对人体关节的伤害，轻者造成骨折、四肢麻痹，严重的造成永久性伤残；其三，由于蹦极是新兴的运动，很多潜在的运动伤害还没有得到充分的研究，很可能会有其他潜在的伤害未被发现和证实。此外，蹦极设备缺乏检修、维护，调试不当，超期服役，或者工作人员缺乏必要的培训和经验，经营蹦极的俱乐部或公司没有遵照必要的安全条例，甚至根本没有取得合法的运营资格等，都是酿成一桩桩事故的根源。

绑腰装备、保护带、绑背装备、防热手套、主锁等必要的蹦极设备必须安全检查仔细、到位。

参加蹦极这一高空休闲娱乐需要具备一定的身体素质和心理素质，心脏病患者，高血压患者，呼吸系统疾病患者，骨骼、韧带和关节曾有问题的人，高度近视者，孕妇都不适合参与。在跳前要办一些必要的手续，要本人签名，管理人员要询问参与者病史，并规定18岁以下人员不准尝试等等。跳前还要称体重，不同体重的人用不同粗细的绳索。这一切都必须严格地进行。

项目分享与回顾

（1）你是抱着什么样的心态来蹦极的？

（2）谈谈在蹦极过程中你的体验和感受？

（3）你是以什么样的态度对待蹦极项目注意事项的？

蹦极视频二维码

任务二　滑翔翼和滑翔伞

滑翔翼和滑翔伞起源于 1984 年，是由法国一批热爱跳伞、滑翔翼的飞行人员发明的一种飞行运动。目前在欧美和日本等地非常流行，在台湾也掀起了一股旋风。

一、滑翔翼

滑翔翼（hangglider）又称悬挂滑翔机和三角翼，有动力和无动力两种（见图 7-7）。

图 7-7　滑翔翼

无动力的又称悬挂式三角翼，具有硬式基本构架，用活动的整体翼面操纵，由塔架、龙骨、三角架、吊带四部分组成，各部分由钢索连接，为安全救助还配有备份伞。它构造简单、安全易学，只要有合适的山坡、逆风跑 5 ~ 6 步，即可翱翔天空。当它与空气做相对运动时，由于空气的作用，在伞翼上产生空气动力（升力和阻力），因而能载人升空进行滑翔飞行。

动力三角翼是一种配备发动机的悬挂滑翔翼，根据载重配置最大飞行高度可达 6 000 米、巡航速度可达 150 千米 / 小时。动力三角翼诞生于欧洲，因其具有操纵简单、拆卸方便、安全性高和旅游观光、休闲娱乐、航空摄影等功用优点，从而风靡全世界。顾名思义，三角翼的主体是一架由科技含量很高的航空铝材和碳纤维材料构成的三角形机翼，座位后方是航空发动机和螺旋桨，驾驶员主要靠推、拉操纵杆来控制这只"大鸟"。驾驶动力三角翼进行翱翔、参加空中聚会和各种比赛也成为一种日益风行的都市时尚运动。

动力三角翼能在土地、草地山区等野外场地快速起降。机身结构采用低重心，机翼双重保险挂点，可单人、双人飞行，或教练飞行、牵引飞行。动力三角翼能够快速折叠，便于存放和运输，如果加装浮筒，可以在水上起降。适用于旅游观光、休闲飞行、航空摄影、森林防火、农场作业、牵引滑翔、越野飞行、庆典广告、地质勘探、高空跳伞、快速运输、公安外勤、部队任务、紧急救护。

二、滑翔伞

长久以来，人类为寻找一双翅膀做过无数次的思考和试验，直到飞行伞出现，人们才算找到最佳答案。其简便、经济、没有太大的体力限制，在短短数年之间迅速风靡了世界各地。今天，在世界各地，飞行伞已拥有数十万的爱好者。这项结合了冒险与休闲的空中运动是怎么诞生的呢？它是降落伞与滑翔翼（机）结合，用高空方块伞改良成性能上接近滑翔翼的综合体，具体来说，是有着降落伞外形的滑翔翼。

有人说，大约在1978年，住在阿尔卑斯山麓沙木尼的法国登山家贝登用一项高空方块伞从山腰起飞，成功地飞到山下。因此，飞行伞最初起源于阿尔卑斯山区登山者的突发奇想。跳着跳着，一项新活动便跳出雏形。1984年，来自沙木尼的升龙（Roger Fillon）从自朗峰上飞出，飞行伞才在一夕之间声名大噪，迅速在世界各地风行起来。

动力飞行伞是在飞行伞基础上发展起来的，是在座包后加上一个动力推进器，重约15～25千克，推力40～80千克，飞行时间达60～90分钟，可以在平地起落，受场地限制，较为方便。但飞行时噪音较大，价格也贵，主要用于培训及商业飞行。相比之下，普通飞行伞价格更易被人接受，飞行乐趣也多。它一般在山坡上起飞，找到热气流或动力气流后盘旋上升，气流好时可升至2～3千米。目前飞行伞留空时间世界纪录已达24小时，飞行直线距离350千米。

图7-8　滑翔伞（来自百度图片）

三、滑翔注意事项

（一）滑翔运动者的基本条件

无心脏病、恐高症和高血压，发育良好思维正常且对自己的年龄充满信心的合法公民皆可一试。

（二）滑翔伞的种类与销售价格

初级伞 1.4 万人民币左右，休闲娱乐伞 2 万人民币左右，竞赛级伞 2.6 万人民币左右。（在俱乐部学滑翔的学员，在学习期间可以享受免费用伞的服务；对买不起滑翔伞的爱好者，许多滑翔俱乐部都提供租伞服务。）

（三）滑翔伞飞行训练内容

（1）学习滑翔理论与气象常识，学习飞行器材以及滑翔伞的结构。

（2）熟悉滑翔伞，在地面做抖伞操纵练习，并且观看高山滑翔飞行。

（3）在几十米的山坡练飞。

（4）在二三百米高的小山练飞。

（5）在五六百米或千米的大山练飞。

（滑翔训练共计 5 个飞行日，采取以上循序渐进的步骤，让您克服畏惧，真正能驾驭自己。）

（四）安全保证

（1）目前，众多航空俱乐部在招收学员时都会给学员上一个月左右的人身保险。

（2）滑翔伞大都是进口伞，都经过了国际滑联的严格检查，本身的安全不容置疑。

（3）有两名资深教练分别在起飞点和着陆点通过对讲机进行飞行指挥。

（4）每一个滑翔伞的座椅内都装有一顶备份伞，以防意外。（当高空意外出现或当你对应急操作失去信心时，请双脚并拢，快速拉倒主伞，升起备份伞。不过一般的训练和休闲飞行都相当安全，只有在竞技飞时才偶尔用到备份伞，故请放心休闲飞行。）

项目分享与回顾

（1）你是抱着什么样的心态来体验滑翔项目的？

（2）谈谈在滑翔前后你的心理变化？

（3）进行滑翔翼和滑翔伞的滑翔时，你是以什么样的态度对待项目注意事项的？

滑翔翼视频二维码

任务三 攀岩

一、项目性质

个人挑战项目

二、项目任务

要求每一名队员尽力向上攀，争取到达最高处

三、规则

（1）学习穿戴保护器械，以及攀爬的动作要领；

（2）每一名队员在攀爬之前，都要充电；

（3）在攀爬之前要收紧保护绳，在整个过程中药注意收紧保护绳；

（4）队员下来时，要有一个沟通，下降时，不要用手抓保护绳，下放速度要慢

四、项目注意事项

（1）队员都要远离攀岩壁，以免出现意外；

（2）请队友将指甲剪短。

五、项目监控

（1）培训师要做副保护；

（2）始终监控收绳速度与攀岩者的速度。

六、场地选择器材应用及制作

（两个绳套 六把铁锁 一根长绳 三个安全带 三个安全帽 一个8字环 两副手套）一组攀岩墙或自然岩壁

七、项目回顾要点及问题设计

问题1：在哪个地方你最绝望？你怎么做？

困难被克服了就化为成功的喜悦，极限被超越了就变做脚下的基石。实际工作中，有困难的事情非常得多，但困难并不意味着不可能。只要思想不滑坡，办法总部困难多。而且越大的困难被战胜后所获得的成功感也就越大。96老太太的故事，绝望的处境与绝望的人。

问题2：你完成了自己的目标吗啊？ 实际成绩与目标差多少？为什么？

问题3：你是如何选择线路的？目标是死的，方法是活的。

在做事情之前，一定要给自己设立一个合理的目标，多给自己找一个成功的理由，不要给自己找一个失败的理由。

生理极限和心理极限的关系。许多时候，事情追求不成功，往往不是生理的问题，而是心理的问题。

线路的选择，也是人生道路的选择，抬头看路，脚底在走路，找好人生的支点。吸取别人的经验教训用有限的资源实现最大的效果。（有这么一句话：成功的人从别人的失败中寻找经验，失败的人从自己的失败中寻找经验）。

体能的储备，首先要肯定攀岩是要体能的，我们做任何事情都要有一个事先的准备，详尽的准备是成功的必备条件。（你为你的理想已经准备好了吗？）

打好根基的重要性、选择好的路线、毅力和考验。

不恐惧的方法：眼往上看。

八、相关理论

失败与落败

交通操作

九、团队攀岩，设置相应的分值，轮换岩道。

十、小故事

攀岩运动既有"岩壁艺术体操"，又有着"岩壁上的芭蕾"这样的雅称。攀岩技术的出现，迄今已有100多年的历史。早在1865年，英国登山家埃德瓦特，就首次使用钢锥、铁链和登山绳索等简易装备，成功的攀上险峰，从而成为攀岩技术和攀岩运动的创始人。

十一、手法

攀岩中用手的根本目的是使身体向上运动和贴近岩壁。岩壁上的支点形状很多，根据支点上突出（凹陷）的位置和方向，有抠、捏、拉、攥、握、推等方法。但也不要拘泥，同一支点可以有多种抓握方法。

视频二维码

1. 难度赛　　　　2. 速度赛　　　　3. 攀石赛

任务四　高空相依

一、项目性质

双人合作项目。

二、项目任务

要求两位队员爬上高空从窄的一端，尽力向前走，争取走到另一端。

三、项目规则

以双手相握的方式不允许十指交叉，失去重心时，一定要向钢缆的一侧跳，要骑跨在钢缆上。保护队友学习使用的是五步保护法，一条绳索上三名队员保护。

四、项目注意事项

全身式安全带的穿戴，连接处必须打反扣。控制攀爬时的速度，关注收绳的速度。

五、项目监控

（1）检查队员的穿戴是否正确。

（2）关注保护队员，当队友攀爬时，培训师戴手套站在保护队友旁。

（3）健康调查。

（4）放下队友时注意匀速。

六、场地选择、器材应用

相依设施、全身式安全带、半身式安全带、头盔、手套、钢锁、八字环、静力绳子。

七、项目回顾要求及问题设计

（1）相互支撑，"人"的结构本来就是相互支撑的。运用力学原理，体现了力的作用是相互的。

（2）信任：引入人与墙的区别。

（3）产生过程、达成默契，感知的沟通，共享成功的愿望。

（4）回报：作用力和反作用力。

（5）责任：为了对方而坚持。

问题1：假如只是一个人，能否完成任务？

（协作）在合作伙伴不确定的情况下，我们首先要养成一种与人协作的意识。与人协作的重要原则是各献所长。

问题2：回想刚才的过程，你的搭档给你印象最深的是什么？

你为搭档的弱小担心犹豫过吗？结果如何？想要成功就要和成功的人合作。

虽然无权选择搭档，但是我们有权选择对搭档的态度。

沟通、鼓励、主动提供寻求帮助，创造被需要的价值，善于发现别人的长处。

任务五　空中单杠

一、项目性质

个人挑战项目。

二、项目任务

要求每名队员站在 7 米高的圆盘上，奋力向前跃出，抓住空中的单杠。抓杠时，要四指并拢，虎口张开。

三、项目规则

不允许手抓保护绳。

四、项目注意事项

（1）在队友上攀之前，一定要给他充电加油，并和保护队员进行沟通，腾空之前也要与保护队员进行沟通。

（2）在攀登过程中，要将绳索收直，不要过紧。

（3）队员在站立时，不要抓保护绳。

（4）在下降时也不要抓保护绳，下降速度要慢。

（5）所有队员要站在保护队员后面。

五、项目监控

（1）女士长发要盘入头盔内，指甲不要过长。

（2）衣服拉链要拉紧，衣服尽量平整，使用全身式安全带。

（3）攀爬之前应询问"准备好了吗"，并将绳子收到最紧。从后侧向上爬，叮嘱没有主副保护之分。

（4）攀爬同时，下方不要站人，并及时关注保护队员收紧保护绳，培训师要备份安全带、上升器、绳套。

（5）在抓住单杠后，要把绳子收到最紧，在来不及收绳时，可向后退。

（6）学员的铁锁要由培训师亲自检查、摘挂、穿戴。

六、场地选择、器材应用

2 条绳子、8 把铁锁、半身式安全带 2 件、全身式安全带 2 件、"8"环 2 个、头盔 2 个、手套 6 副。

七、项目回顾要点

（1）人定胜天，前提是先战胜自己。

（2）实现自己的愿望.（请再给我拉的远一点）

（3）来自于团队的压力与支持。

①不是不能做，是不敢做；不是能力达不到，只是心理问题。

②每个人都有自我保护的意识，心理保护层厚的人不能充分发挥自己的能力和潜力，没有办法抓住机遇。只有不断突破自己的心理保护才可能获得成功。

③果断的行动是迈向成功的第一步，彷徨和犹豫是阻止成功的最大障碍。团队的支持和鼓励给予的动力是不可低估的。压力往往是促使成功的动力。

④如何引爆员工的潜力：第一，有趣及重要的工作；第二，让信息沟通及回馈渠道畅通无阻；第三，参与决策及归属感；第四，独立自主及有弹性；第五，增加学习及成长及负责的机会。

⑤任何一种成功的硕果，只能通过自己的双手获得，而不是任何人的施舍。我们要得到最好的结果，就必须通过自己的努力而不是依赖别人。人的潜力是无穷的，我们要善于挖掘，挑战一切困难。人们往往习惯于表现自己所熟悉的所擅长的领域，如果我们回首检视，将会恍然大悟，在永无停止难度渐升的环境压力下，我们的能力才有巨大的提高。

提倡个人面对困难时，要勇于战胜自我；机遇和风险并存时，要敢于抓住机遇。

在项目进行中，记住队员的个别反应，以便引导、鼓励出事故的队员发言。

八、可以问的问题

（1）在平地是否能做得到？最艰难的是哪一步？如何做的？当时如何想的？现在做完后又怎样看这一过程？为什么能抓住单杠？

要点：不进则退；目标明确；表率的作用；不断尝试不同的角色（上单杠、主保护、副保护等）有利于换位思考；经验分享的重要。遇到突发事件的处理：面对、调整、冷静。

（2）单杠在我们面前晃来晃去，就像我们的生活、工作、学习，每一天都充满挑战，每一天都面临选择，只有抓住机会，才有可能胜利。经验学习的过程要勇于尝试，才华像一把伞，只有撑开才有用。一定要抓住机会，充分展示自己的才能。如何抓住转瞬即逝的机会，生活中的单杠不会总在你面前晃悠，由此引出"快速、果断"。

（3）感受如何？害怕？

（4）害怕为什么还要跳？

机遇、风险——如何在最短的时间内对风险和机遇做出适当的评估。太短时间是草率，太长时间是犹豫，寻求相对优化的方案。

（5）跟我们生活中的哪种情况比较相像？比如，目标设定、社会激励。

（6）在个人遇到困难，挑战时，团队有没有发挥作用，体现在哪里？比如，保护、加油、压力、经验等。

（7）机会稍纵即逝，如果不能及时把握，就会失去机会。

（8）自信心 ← 自信 ← 经验
　　　↓　　　↑　　　↑
　　尝试 → 成功/失败 → 分析判断

（9）面对挑战时的心态问题，从站在台子上到勇敢跃出去，短短的一分钟，每个人所感受的是一个心态调整的过程。良好的心理素质，是现代社会、现代人的成功基础。良好的心理素质表现在一颗平常心中，跳出去并不可怕，无论抓住，抓不住，都不会有危险，只要大家努力去抓，敢于跳出去，就是胜利。

（10）创造人生的新纪录，平常心，正确的承受力，发挥正常水平。

（11）增强自我控制和应变能力，用意志力来压制自己。找到平衡，克服恐惧，建立信心，"我一定行"，给自己正确心理暗示。往后退很容易，往前跳很难，不知道我们能否做到，但不尝试，没有人知道你能不能。独立面对挑战，不能给自己借口。是你战胜恐惧还是恐惧战胜你，罗斯福说过：人类最该恐惧的事情是恐惧本身。拓展训练中前进一步，则前景无限。

（12）环境变换后要发挥自身水平，适应社会变化。一个人的学习能力有多强，他就能够走多远。对环境（场地）的依存性，独立的人对环境的依赖性小，相信自己，不轻信别人；依附性强的人，易于相信别人，对环境的依赖性大。

（13）思想——行动——习惯——性格——命运：每个人在地上都能跳出去，为什么在高空中跳不出去。这么简单的事困扰我们这么长之间，患得患失。自己对没有做过的事没有信心，还有谁会对你有信心。把工作交给对自己充满自信的人也许领导更放心。

（14）换位思考，本能反应。

（15）保持一颗年轻的心，从心态上使自己年轻，才能在生活和工作中超越自我。对新事物要存在新鲜感和好奇心，而不是害怕或抗拒。心态上的衰老，比实际年龄的衰老更加可怕。

（16）安全保证，对大家信任。

（17）做事要目标明确，沉着冷静，准备充分，行动果断。目标要集中，智慧使人少走弯路，团队使人充满信心，信心来自压力与鼓励。

（18）习惯又是什么呢？

习惯是知识、技术和愿望的集合。知识具体指的是做什么和为何做；技术指的是如何做；而愿望则是动机，即希望去做。为了使某事成为我们生活中的习惯，必须具备这三者。举例来说，你想学会与人打交道。首先你必须知道人际交往的正确原则，知道应该做什么。假定说与人交往的最好方法不是去对人家讲你想怎么样，而是需要你听取别人的想法和意见，那么，这时你还必须知道如何去听取意见，即如何做。其次，除非你有听取别人意见的愿望，否则它不会成为你生活的习惯。习惯就是你的认识，以及你的认识指导下的愿望、做法和行为。随着你的认识的提高，你的习惯是可以改变的。柯维提出了高效者的七种习惯：

①理论点：个人能力培养，良好的习惯是成功的基础（适用所有项目）。

②积极主动——个人想象的原则（操之在我）。

③从一开始心中就有最佳目标——自我领导的原则（确定目标）。

④把最重要的事放在第一位——自我管理的原则（掌握重点）。

⑤考虑双赢——人际领导的原则（利人利己）。

⑥首先寻求理解，然后寻求被理解——移情交流的原则（双向沟通）。

⑦协作——创造性合作的原则（集思广益）。

⑧磨快锯子——平衡的自我更新的原则（均衡发展）。

前三个习惯是个体层次的习惯，着重于如何修炼自己，通过这三个习惯的培养建立，可以使一个人从依赖走向独立，取得个人的胜利。

后三个习惯是集体层面的习惯，即实现在独立基础上的相互依存，取得集体的胜利。

最后一个习惯是前六种习惯的环境条件，即确保前六种习惯螺旋上升地发展，不断地得到改善的习惯。它涵盖人生命技能的四个方面，即身体、精神、智力和社会情感。

九、理论点

换位思考（适用高空项目）。

工作中同事相处也是这样。我们都很善于对别人的工作品头论足；对他人的成绩不以为然，对其过错却非常苛求。这种方式，既不利于工作，也不利于团结。如果每个同事都持这种思维方式，工作环境就会变得很压抑。

十、其他说明

注意操作时间的控制，关注队友们的疾病史以及生理表现。

十一、小故事

虽然后退非常舒适，绝不因为舒适而后退。

空中单杠视频二维码

任务六　高空断桥

一、项目性质

个人挑战项目。

二、项目任务

要求每一名队员爬上断桥桥面，从断桥的一边跳到另一边，再跳回来，然后原路返回。

三、项目规则

跳的时候要单腿起跳，单脚落地，通常把有利的脚放在前面，不允许助跑起跳，不允许双脚起跳，不允许双手紧握保护绳。

四、项目注意事项

脚尖略微探出板面，起跳要果断，其他队员不要站在断桥下面。

五、项目监控

（1）培训师亲自检查队员的安全带、头盔的穿戴，让队员站在相对安全的位置，挂好铁锁。注意绳索不要打结，安排专人检查安全带，头盔的穿戴情况。

（2）了解学员病史及女士的生理情况。

（3）培训师在帮学员时，如需换位，不得解换铁锁。

（4）学员的保护绳索离板面 0.3 ～ 0.4 米，培训师的保护绳离板面 0.1 米。

（5）培训师为防止学员倒挂在空中，再为自己留个备份。

（6）从学员上来开始直至学员下至地面，培训师要全程监控队员的安全。

（7）注意下面气氛的控制，适时给学员以鼓励。

（8）在换铁锁时，严禁学员在高空中出现真空现象。

六、场地选择、器材应用

断桥绳索、三把 O 形锁、两把铁锁、三个半身式安全带、三个安全帽、两个上升器或止坠器。

七、项目回顾要点及问题设计

（1）"舍得舍得"既得利益与目标的距离和冲突。

（2）犹豫时间长，惧怕多。试跳时注意观察尺度的把握。多思丧志，多虑丧勇。

（3）适应环境的变化（由地面到高空）。勇于改变，不要担心失去既有的利益。

（4）关注后果："唯一的选择"时要关注过程。只有正确的过程，才有理想的结果。

（5）能力：要有正确的判断，害怕使人判断失准。

（6）能力并不代表技能和技巧，而是信心、勇气。

（7）能力能发挥出来多少？"优势而无准备，不是真正的优势。"

（8）断桥一小步，人生一大步。

（9）任何质变都要以量变为基础。当你在断桥上因为恐惧而待上半小时、一小时，甚至于更长时间，如果你不能跨出那一步，你还是那个被恐惧折磨的你，胆小、害怕、手无缚鸡之力。但如果你勇敢地跨出那一步，你会发觉，噢！原来我是这么勇敢，我还行，我再也不会惧怕这个断桥了。这种自信往往是成功的关键，成功就得益于一次次的尝试。

（10）什么叫能力？所谓能力不在于你是否具备了做某些事的具体技艺，而在于你做这些事时的勇气和胆量。

问题1：你在断桥上都害怕什么？

问题2：人为什么会恐高？

问题3：为什么犹豫？结果如何？

问题4：团队对你有影响吗？——激励，影响。

抽板的时候有啥感觉？为什么总是半只脚在板上？有人主动要求抽板吗？

问题5：什么是能力？你的能力发挥出来多少？

能力是一个人顺利完成某次活动所必需的并影响活动的个性的心理特征，是个性心理特征的综合表现。

问题6：看着别人跳和自己跳感觉一样吗？如果你没有跳，结果会怎么样？

问题7：是什么力量让你跳过断桥的？跳过去的那一瞬间有啥感觉？

八、相关理论

1.突破个人心理障碍，不要轻易否定自己，不要总给自己不良的暗示，不要轻易地说"我不行"。每个人蕴藏着极大的能力和丰富的资源，不试永远不知道自己的能力，勇敢地跃出第一步，成功就离你不远了。

2.最大的敌人是自己。要有超越极限，挑战自我的勇气，要有勇于挑战的习惯，成功的机会就多得多。

3.良好的心理素质。在任何情况下，都能把握住自己，都能发挥出自己应有的能力。心理素质是可以锻炼的，不断尝试你认为不行的事，当然不是莽撞的，而是有准备的，有助于成功，有助于发现潜能，有助于承受压力、经受挫折和风浪。

4.变impossible为I'm possible.

5.勇于挖掘自己的潜能，大胆尝试。

一个人有多少潜能，没有人知道，这固然可惜。更可惜的是，人的潜能不到千钧一发，不太容易被暴露。

"我们站在断桥上时，会思考很多问题，如跳不过怎么办等，大家能不能分享一下，都在想什么？"

在断桥上，思考、犹豫、决定、行动的整个过程，相信是个比较复杂的心理活动过程，也就是一个自我对话的过程。

心理学家把心理紧张的起因称为"消极的自我交流"。我们可以把人的内心活动看作一种不间断的自我对话，这些自我交流，采取的语气影响着人的情感生活和处世态度。

消极的自我对话总是表现为：对事物的前景预料得很糟；被过去的失败和失意的阴影所笼罩；自我怀疑、胆怯、自卑的情绪泛滥；把不愉快扩大化。

那么，怎么来避免这些消极的自我对话，消除心理障碍呢？

保持一种积极的心态：思想—行动—习惯—性格—命运。

马斯洛说：心若改变，你的态度跟着改变；态度改变，你的习惯跟着改变；习惯改变，你的性格跟着改变；性格改变，你的人生跟着改变。

九、换位思考

为什么桥上的人在跳的时候，觉得太远，而下面的队员觉得很简单，可以更远？

领导层、中层、基层所处的位置，看到的不同。因此，上面的人难以做决定，一件在基层看来简单的事情却迟迟定不下来。

高空断桥视频二维码

任务七　天梯

一、项目性质

双人合作项目。

二、项目任务

要求每组队员两人一组，尽力向上爬，争取扶到第六根圆木。

三、项目规则

不允许抓握胸前的保护绳及天梯两侧的钢缆。

四、项目注意事项

（1）金属硬物及贵重物品取出，指甲不宜过长。

（2）不允许拉拽安全带的器械环和腿带，不允许抓胸前的保护绳，不允许踩踏同伴的头、颈、腰、背等部位，只能踩大腿根部和肩窝处，拉手只能拉手腕。

五、项目监控

（1）检查每名队员器械是否穿好，在刚开始攀爬时，必须上前保护。

（2）了解学员的病史。

（3）当队员攀上第一根圆木时，培训师要注意保护；一定要注意随时收紧绳索，每位学员必须安排三人保护。

（4）任何时候保护队员都不能放松，同时三个保护人员没有主次之分，天梯下不允许站人。

（5）随时监控保护队员，绳索的张弛程度。

（6）当队员完成攀登之后，要一个一个下降，下降速度不要太快，队友帮助把圆木推开，禁止两人同时放下。

（7）在上第一根圆木时，培训师应上前保护。

六、场地选择器、材应用

四根中绳套、10把铁索、两个8字环、两个长绳套、6个安全带、4个安全帽、手套6副、两根长绳索。

七、项目回顾要点及问题设计

（一）竞争与合作

合作具有无限的潜力，因为它集结的是大家的智慧和力量。竞争的所得是有限的，因为它激发的是个人或少数人的力量。

合作是件快乐的事情。有些事情人们只有互相合作才能完成。不合作则他不能得，你也不能得。

美国加利福尼亚大学查尔斯·卡德尔对美国1 500名杰出人物进行了调查和研究，发现共同点就是与自己竞争，而不是与他人竞争。

（二）善于发现别人的长处（聚光原理）

对待人员的看法，你是发现别人的长处，还是关注别人的短处？

用人必须容人：容人之短；容人之才；容人之过；容人之犯；爱才、容才、护才是优化心理机制的集中表现。

用人要学会释能：每感受一次，心理就增加一次感觉，心理的震撼就多一次。

（三）理论点

（1）换位思考：看一件事与做一件事是有差异的，取长补短，给队友更多的支持鼓励。

（2）勇气：所谓勇气只有在行动中才能体现，不要轻言放弃，不要轻易说自己不行。

（3）自由分组：两个人配合事先分工，齐心协力，取长补短，不断尝试。

（4）成功建在互相信任和努力上。

（5）行不行只有试过才知道。

（6）打破依赖感和享受成就感。

（7）知道了不去做等于不知道；做了没结果，等于不知道。

所有的东西都是由不知道到知道，由不熟悉到熟悉，打破心中的障碍。

学习是什么时候开始的？是你在感觉到别扭或痛苦的时候开始的。

第一次的感觉非常重要，研究表明把一个动作重复18次，你就学会了。

只有亲身经历才能知道事情的难易程度，不要让事情的表面现象成为我们成功的障碍。

问题1：你一个人可以上去吗？

什么条件下1+1才会大于2？

合作的意义是什么？

问题2：回想刚才的攀爬过程，你的搭档给你印象最深的是什么？

你为搭档的弱小担心犹豫过吗？结果如何？想要成功就要去和想成功的人合作。虽然无权选择搭档，但是我们有权选择对搭档的态度。沟通、鼓励、主动提供寻求帮助。创造被需要的价值善于发现别人的长处。

问题3：你觉得意志力在这个项目中重要吗？

项目八　中低空拓展项目

任务一　信任背摔

一、项目性质

个人与团队相互结合的项目。

二、项目任务

要求每个队员轮流站在背摔台上，背对着大家，身体保持正直，笔直的倒下去，下面的所有队员将他稳稳接住。

三、项目规则

首先，讲解背摔队员的基本动作。双臂伸直体前交叉，掌心相对握拳，向内翻转至胸前，两肘夹紧肋部，头部微微向下含下颌抵住拳头。培训师会用一根捆手带紧紧绑住其双手，以防在倒下的时候，双手会本能打开乱动，伤及在下面保护的队友。背摔队员站在台上，背对着大家，双脚并拢，脚后跟微探出台面 2～3 厘米，以肩引领，身体笔直后倒。注意倒前三要，即要双脚并拢、要膝盖伸直、要立腰夹肘。在倒的同时，注意三不要，即不要向后看、不要向后跃、不要向后踩踏。

其次，讲解保护队员动作找到与自己身高差不多的人两两结组在背摔台下面对面站立；所有人都出同侧的腿弓步站立，与对面的人膝盖内侧贴紧，调整支撑腿，保持重心稳定；上体正直略向后倾，腰部用力；双臂向前平举与肩同高，两手夹一膀；掌心与肘窝都向上，手指伸直，双臂成略有缓冲的用力状态；与对面人的双臂平行错开，所有人的头都向后仰，看着倒下人的背；如背摔队员倒下方向略有偏差，保护队员应整体移动重心，避免砸到头部；队伍尽可能在一条直线上，手放平、肩靠近，第一组的队员距离背摔台 20 厘米，最后一组队员在人倒下后，必须能够抵挡住队友向外冲散的力量。

背摔队员站好以后，还要有一个与队友的沟通过程。大声问：准备好了吗？如果大家准备好了就齐声回答：准备好了。背摔队员自己喊一、二、三，在喊"三"的时候倒下去，大家稳稳将他接住。当接住队员以后，大家不要立即松手，应该先让他的脚着地，后扶腰、背再放手。注意接住后，千万不要鼓掌、放松、抛跳。

在每个队员上去之前，大家把手放在他的肩上或背上，大声喊他的名字和队训，给他鼓励和勇气。

大家把金属物品及其他硬物（眼镜、手机、手表、大的戒指、发卡、胸针、钥匙、笔）取掉。如果是滑质衣物，要脱掉。大家再检查一下口袋，看看有没有什么东西遗漏。

四、项目监控

学员少于十人，男队员少于五人时此项目不能进行。体重大于 90 千克的队员倒下时，保护者中至少要有 6 名男生。

（1）时刻注意背摔台上队员的位置，调整学员的队行和力量的分布。

（2）外训坚硬地面必须铺地毯；如用桌椅必须坚固并安排队员扶稳。

（3）队员成功接住几名同伴后，会对保护队形力量分配进行调整．培训师必须提醒，不要预测背摔者会从哪个位置摔下，要准备从任何地方摔下。每个人都很重要，每个人都要有接住任何人的准备，背摔接人最大的力量区域是第二、三、四组队员。

（4）对每个队员的心理状态要有洞察力，以便抓住捆手带适度调整对学员的控制。学员背摔的一瞬间，培训师一手抓住捆手带以控制学员身体姿势，另一手抓住背摔台铁栏，以便更好地固定身体，控制学员。

（5）时刻提醒接人者：先放脚，将身体扶正。

（6）应注意倒下学员的肘关节收紧，不打开，倒下时不抬腿。

（7）项目中禁止开玩笑。

五、场地选择器材应用

背摔台、捆手带。

六、项目回顾一

（1）什么是信任

信任是一种安全感、责任感、它需要一定付出，需要一言一行去积累。它是互动的。（我把自己交给团队，因为我信任。下面保护队员则是一种责任感，伸出双手是一种承诺，我会稳稳地接住队友。）

（2）信任是如何建立的

信任是基于意愿建立在整个团队的基础上。信任是建立在最近的能力和判断力上。信任是做出来的，不是说出来的。

（3）打破信任的原因是什么

过于自我保护，缺乏安全感，规则不明，利益冲突，角色分明。

态度决定一切。我们应怀着积极的开放的心态主动沟通，真诚相待，用自己的信任去换取他人的信任。开放的心态是尊重、平等、坦诚、包容，是一种直言不讳。它允许别人有自己的观点，相信问题的答案不是唯一的。因为人与人所处的环境不同，看问题的角度也不同，所以存在不同观点。有时候需要我们多站在他人的角度想问题、看问题，建立换位思考的意识。当自己走上背摔台后，希望下面的队友付出最大的责任心，多给自己鼓励，所以当自己处在下面时，要多给台上的人鼓励，多给他一种安全感。

七、项目回顾二

（1）换位思考

问题1：当我们看到别人倒得不直的时候，抱怨责备，那么自己做如何？

问题2：你能多大程度地理解别人？

（2）信任与责任

问题1：你为什么会这么果断地倒下去？

问题2：如何建立信任？

因为相信而敢于托付。托付是什么？相信是什么？

信任背摔视频二维码

任务二 电网

一、项目性质

团队合作项目

二、场地选择及器材应用

场地一般选在室外，如树间距比较大的树林，或能够固定网面，并且空旷的场地。电网的制作：由四根蜡漆绳及若干细绳、小的铁垫片编制成成人身体可以钻过的网洞。预留两个最大的洞，制作封洞用的挂件。

三、项目任务

（1）网是唯一的通道，不能从两侧绕行。

（2）每个网洞只允许一人次使用，通过后即被封死。

（3）任何物体、任何人都不能触网，否则网洞即被封死。触网队员必须返回原侧，重新通过。（洞的上方未挂细绳的网洞即为有效网洞。）

四、项目注意事项

（1）要求队员将手机，手表等硬物放在一边。

（2）任何空中的动作，一定要先让被搬运队员的脚落地，再慢慢扶正．严禁蹲跳，不能有腾空动作。

（3）不要出现危险动作，要做到令行禁止。

五、项目监控

（1）女队员必须面部朝上通过。

（2）保证场地平整松软。

（3）培训师应到人少的一面监控，并关注第一名和最后一名通过的队员。

（4）要时刻提醒队员注意安全。

（5）天气冷时，及时提醒队员注意身体健康。

（6）注意女队员的心理状况。（项目刚开始时，要严格控制尺度。）

六、项目回顾

（一）要点

（1）合理计划，有效组织，统一行动。

（2）资源的配置。

（3）合理分工的重要性。

（4）团队的科学决策方法。

（5）严谨细致的工作作风。

（二）问题设计

就学员谈到话题进行展开：

（1）是否制订可操作的目标？

（2）我们的计划及组织效果如何？

（3）我们是否评估现在的资源？

（4）我们是否预料到一些可能会出现的问题？

（5）我们用什么方法来衡量整个任务的执行过程？

（6）我们工作的效果如何？

队员在项目进行中的通常表现：

通常项目开始会有队员迫不及待地尝试，在没有计划的情况下浪费很多网洞。触网的队友往往是帮助搬运的队友，个别队友会不知不觉地担任分工角色。

七、相关理论

（1）定位，网洞与体形相匹配：好的东西未必适合，只有适合的才是最好的。

（2）工作精细化：二流的方案，一流的操作。

（3）有效资源的利用，PDCA（系统的思考）。

（4）团队组织，策划，实施监控。

（5）个人与集体的利益关系。

（6）时间与效率：磨刀不误砍柴工。

（7）监督职能。

（8）团队观念。

八、小故事

现在，麦当劳的热饮料都印有一行"热饮，小心烫口！"。麦当劳曾为这一细节付出很大代价。以前，麦当劳并没有印这行字，一美国消费者在饮用时不小心烫到了口。这位消费者把麦当劳告上法庭，认为它没有履行告知的义务。麦当劳输掉了官司，赔偿消费者几百万美金。

电网视频二维码

任务三 毕业墙

一、项目性质
团队合作项目。

二、项目任务
要求所有队员在 40 分钟内爬过四米高的墙。

三、项目规则
（1）不允许从墙的两侧绕行，墙是唯一的通道。

（2）不允许借助任何有助于延长肢体的物品，如绳索、衣服、腰带等。

四、项目注意事项
（1）注意垫子的大小和软硬程度，不允许在垫子上助跑起跳。

（2）在爬的过程中不允许踩队友的头颈腰背，只允许踩大腿根部和肩窝处。

（3）互相拉手时，要抓对手的手腕。

（4）下方队员要时刻做好保护。

（5）取下身上的金属物品及其他硬物，如手机、手表、眼镜、商务通、大的钻戒、硬质发卡、胸针、钥匙、笔等，再检查一下自己的口袋（注意停顿检查）。

五、两个原则
大声警示原则，培训师的命令必须遵守的原则。

六、项目监控
（1）禁止安排女队员作为下方基座队员以及人链的中间环节。

（2）出现倒挂方式救助时，所有队员一定要听从倒挂者的口令．培训师密切关注保护队员的动作和状态，提醒注意身体关节的受力方向。禁止倒挂着小腿胫腓骨伸出墙沿，禁止正挂着腰部髋关节伸出墙沿。

（3）下方队员不得少于四人，保护者必须抬头注意被保护者，做好保护姿势。

（4）最后一名队员上墙是最危险的，培训师应加强保护。

（5）向上拉队员时，学员的前臂及肘关节不要搁在墙沿上。

（6）培训师禁止为学员取拿物品，时刻提醒学员注意安全。

（7）同伴不允许将手放在倒挂者膝关节下面。

（8）注意大家的身体状况。

（9）不能出现反关节。

七、场地选择、器材应用
求生垫、备用绳套。

八、项目回顾要点及问题设计

（一）分享点

（1）团队的力量

集体的力量是无穷的。需要每个人都为集体贡献自己的力量，积极出主意想办法。有力的出力，有点子的出点子；需要大家的团结协作（需要信任和奉献）。

（2）合理的资源配置

（3）科学的流程和方法

（4）科学的工作方法

要明确目标；分析资源，合理配置；进行有效的组织等。

在今后的工作中，当别人需要你拉一把的时候，不要忘了今天是谁拉了你一把，你是踩着谁的肩膀上去的。因为我们是一个集体，这个团队是我们自己的，让这个组织越来越美好，是大家共同的理想。

（二）提问

（1）我们做得好不好？先给自己一个成功的掌声！

（2）我们成功在哪些地方？

（3）不足的地方是哪些？

（4）我们把最重的人送上去的时候是什么感觉？在他充当底座的时候，我们又是什么感受？

（5）如果没人充当底座，如果人人都想争着上去，那结果会怎么样？

九、相关理论：

若是一人有奉献精神，生存的希望就由零升至 50%（木桶原理）。

十、小故事

把一只螃蟹放在一个竹篓里，会爬出来吗？把二十只螃蟹放在一只竹篓里，怎么样？谁拉的你，你踩的谁的肩膀？在现实工作和生活中，大家都想踩人，问题是谁会让踩呢？怎么办？（每个人都要有奉献精神。）

任务四　孤岛求生

一、项目性质

团队合作项目。

二、项目任务

一船人出外旅游不幸遇到大风浪，导致船只沉没。因队员被打散，队员们分别游到了三个岛屿上。第一岛盲人岛不幸误食了有毒的水果导致全体人员失明；第二岛哑人岛误食了动物肉导致全体人员变哑；第三岛正常岛没有发生任何不幸全体健康。为了好管理、好求救与生存，要在规定的40分钟内把三个岛上的游客集中于珍珠岛上。

三、项目规则

（1）把全体分成三组。（如果人数较多，安排盲人岛上人数多一些。）

（2）先请哑人上岛，从上岛开始不允许说话，内部也不允许沟通，直到项目结束。

（3）让盲人戴上眼罩，直到项目结束正常不允许摘下眼罩或者偷看。

由健全人带盲人上岛，所有人各归各位。

四、项目步骤

（1）将队员分成三个小组，分别安排在盲人岛、哑人岛、正常岛。

（2）三个岛在规定时间内完成各自的任务并集合在安全地。

（3）项目开始，各岛人员接受任务及道具。

（4）盲人岛接到的任务是：

①在孤岛远处桶里有一个机关，将一个羽毛球投入到桶里，触发机关，可以放下两块木板，盲人可以利用木板走下孤岛，到达珍珠岛。

②可用的资源是数个羽毛球和一个桶。

③盲人岛周边是激流，水流湍急并布满漩涡，一旦接触激流就会被冲回孤岛。

（5）哑人岛接到的任务是：

①只有哑人岛可以协助盲人移动。

②只有哑人可以移动木板。

③任何人和物品落入水中都被冲到盲人岛。

④岛周围是松软的沙地，受力过重可能会塌陷。

（6）正常岛接到的任务是：

①一双筷子、一张报纸、一段胶带，要求利用这些器械使鸡蛋从高处落下不碎。

②利用一定的物理原理和器械，将所有人集中到一个岛上，时间为30分钟。

珍珠岛情况：

（1）岛的周围是激流，任何人和物品一旦落水都将被冲到盲人岛。

（2）岛的四周是松软的沙地，受力过重可能会塌陷。

五、项目注意事项

注意项目中氛围把握，出现僵局时可以给予一定的引导，让队员有更深的体会。

六、项目监控

（1）关注盲人，注意安全。

（2）搬运木板时注意手。

（3）注意记录相关细节。

七、场地选择、器材应用

岛的摆放、任务书、纸（3张）、笔、两双筷子、两个鸡蛋、羽毛球、胶带、眼罩（备份）、桶。

八、项目回顾要点及问题设计：

问题1：项目的成功率只有10%，是成功率低的项目之一。那么其难在哪里？

"信息不对称"：社会的各个主体普遍存在信息的不对称，人们获得信息的渠道和手段，对信息理解和处理能力都有着巨大的差别。

信息对称也就是信息关联方对信息认知的程度对等。所谓信息关联方，是与该信息相关的主体。绝对对称的信息是不存在的，这里要引入相对信息对称度的概念。相对信息对称度是相关主体对信息的认知度与信息主体的全部信息属性之比。在特定环境需要特定的对称度，才能使效果达到最优。

问题2：如何避免"信息不对称"带来的危害？

主动有效的沟通与最大限度的共享。70%～80%的时间用于沟通。

问题3：各岛的人应该怎么做？

正常岛：任务导向和结果导向，三八法则，象限理论，做正确的事情。

哑人岛：依赖与主动，积极向上，取得信任，但求无过。

盲人岛：依赖与主动，本位主义，部门利益。

九、分享

（1）领导的作用：有指导作用、协调作用、决策作用。在集体活动中，每一个成员的能力、态度、性格、地位不同，加上各种外部因素的干扰，人们思想上发生各种分歧，行动上出现偏离目标的情况不可避免，需要领导协调人与人之间的关系，高效完成活动任务，必须达成意志统一，要有统一的指挥。

（2）领导的职责：制定决策和推动决策的执行。美国学者丹尼斯提出能被别人接受的未来远景并将远景传达给组织成员，使之转化为行动和成果。

（3）个人与集体的关系：个人位置取决于个人对集体活动的参与及对集体的作用。

（4）正确的决策：决策的关键在于准确地判断问题的实质。决策的方法可分为主观决策和定量决策。其中定量决策的核心是把决策有关的变量与变量、变量与目标的关系通过建立数学模型求得答案。

（5）沟通的要点：人际间的互相交往，与上司、下属和周围的人之间的协调离不开信息的沟通。决策计划、组织领导和控制的开展也离不开信息的沟通。信息沟通把组织和外部环境联系起来，对组织内部而言，只有通过沟通，才能把抽象的组织目标转化为组织中的每一个成员的具体行动。有效的沟通可使组织内部分工合作更加协调一致，保证整个组织体系的统一指挥、统一行动，实现高效管理。

（6）孤岛是美国麻省理工学院针对高、中、基层管理设计的模板。基层领导想往一处使劲，盼望企业有更好的前景，收入会多一点，但他们很多时候甚至不知道公司或车间的目标，像盲人一样无知，又无法获得信息。中层对于本部门的目标是十分清楚的，自己也会有点想法、愿望，在公司的运作中起到桥梁和纽带的作用，但很多情况下，他们更多是扮演哑巴的角色，既不知上层领导的意思，又无法清楚地给下级传达。

（7）杰亨利窗口。其核心是坚信相互理解能够提高知觉的精确性并促进沟通的效果。

如何扩展"开放"窗口呢？

要通过揭示和反馈。不断地自我揭示会了解到自己内心的情感和体验。另外，有证据表明自我揭示也促进别人更为友善和开放。因此对自己的揭示会带来更多的反馈，如果他人对你的行为提供反馈，就会缩小盲目窗口。

任务五　罐头鞋

一、项目性质
团队合作项目。

二、项目任务
要求大家在 40 分钟内，到达前方的目标物，所有队员从桶上越过目标物安全着地。

三、项目规则
（1）人不能下地。

（2）板不能落地。

（3）桶侧面不能着地。

四、项目注意事项
（1）严禁蹲、跃、蹦、跳，以免引起共振。

（2）注意在换位时，使用旋转换位。

（3）有其他危险动作，及时制止。

（4）结束时不要跳下板子，关注其他队友的位置。

五、项目监控
（1）木板有刺，小心扎手。

（2）木板上不允许超过 14 人（及时调整人数）。

（3）不允许板上人拉板下人。

（4）女学员上板时，需下方同伴托扶。

（5）搁置木板时放在桶上的木板如不足 1/3，提醒学员存在安全隐患。

（6）两块相叠的木板利用杠杆原理使其最少搭至 1/3 处。

（7）不允许学员从板上或桶上跳下。

（8）培训师的保护方法和原则是将双手抬起，时刻保持警觉，站在移桶学员周围（或前方），时刻关注人员相对密集的地方，时刻大声提醒学员注意安全。

（9）使用杠杆原理时，注意压板长度的限制。

六、场地选择、器材应用
场地：地面要平整，面积为 20×3 米的活动空间。

器材：3 个汽油桶，分别涂成红、黄、绿三种颜色。长 3.5 米、宽 0.28~0.3 米、厚 0.07 米黄花松木板两块，每块木板 1/3 处分别涂成红、黄、绿三种颜色。目标设置牌一块。

七、项目回顾要求及问题设计
问题 1：大家是不是觉得在板上的站位方式沟通起来很累？直线式沟通的弊病。

问题 2：有哪些资源？优势是什么？独立与合作的选择，杠杆原理的使用。

问题3：为什么会犯压板致命错误？工作要有预见性，计划的应变性。低头拉车，抬头看路。后退为了更好地前进，长利与短利的取舍。

问题4：有没有最佳方案？是什么？有限理性，满意决策理论。

（1）直线式沟通造成一定障碍。

当直线式沟通中间嵌入许多屏障时，沟通会很困难。人在沟通过程中语言交流只占7%，更多的是借用肢体语言、感观交流等方式。同样一句话，不同的表情，效果会不同。①建立一个简捷有效的沟通机制，减少中间环节；②流畅的沟通程序；③准确无误的表达；④沟通的欲望，包括积极地参与、建议，用心倾听等。

（2）工作要有预见性。

许多团队失败的原因是忽略了铁桶的位置。当有一个好的方案、好的计划时一定要细心准备，主动设计困难。俗话说"事要往最坏处考虑，往最好处做"。洞察发展的目标，洞察鼓励和效用，洞察变化和冲突，这样才会有备无患

（3）有时需要以退为进。

就像罐头鞋出现的情况，当前进中遇到障碍或进入死胡同时，你应该怎样？要以退为进，先找出问题。问题往往就在上一道工序，需要原路返回至上一层，重新进入调整。人们往往不愿意后退，因为对于既得利益、成果都不愿意放弃，但这种心态最终将自己的思维赶入死胡同。当某件事情出现错误时，不是因为某个人发生的，而是因为整个结构发生的，要有不拘于常理的变通能力。

（4）充分利用资源。

木板上为什么会有三种色彩？单纯是为了好看吗？如何利用好熟练工种？怎样去挑选熟练工种？决策要有理性和知觉实践的结合。

（5）有限理性。

做一件事情的过程中要注重完美、时间、效果和安全有机结合。

八、其他说明

板上学员人数不多于13人，其中男士不应少于3人。如果人数超过以上标准，应让多余队员在板下参与保护，并在适当时候上下交换。

项目九　陆地拓展项目

——•((❋))•——

任务一　鳄鱼潭

一、项目概述

（1）名称：鳄鱼潭．

（2）人数：16人到60人。

（3）时间：总培训时间110分钟其中，活动指导时间：10分钟，集体活动时间60分钟，回顾总结时间40分钟。

（4）培训场地、器材：6×12米的方形场地，木板4块，长2.5米，宽30厘米，手套8双。

二、项目培训目标

（1）了解合作的过程和要素，强化双赢意识。

（2）了解竞争的过程和要素，强化竞争观念。

（3）强化对谈判的认识与理解。

（4）加强对公司之间，部门之间与竞争对手之间冲突的解决。

（5）进一步树立诚信的观念。

（6）进一步了解局部与整体利益、短期与长期利益的关系。

（7）如何认识和建立核心竞争力。

（8）策略、运筹、悖论、博弈论等。

三、项目布置

（一）项目布置

（1）项目名称：鳄鱼潭。

（2）项目性质：团队项目。

（3）任务：所有人在最短时间内从起始点越过鳄鱼潭，全部到达对方的起始点，现有的资源是一块木板和一根绳子以及大家的聪明才智。全体在规定的40分钟内到达对方起点的小组，第一组可获得奖励10 000元，第二个到达的小组可获得9 000元，如果双方能够在30分钟之内完成项目，则可以获得额外 5 000 元的奖励。

（4）项目规则：全体人员必须全部参加。

（二）安全布置

（1）项目进行过程中必须严格服从培训师的指挥。

（2）队员的要求是：鳄鱼潭是唯一的通道，不允许绕行；鳄鱼潭中的"安全岛屿"不得移动；在鳄鱼潭中，禁止任何距离的跨越；在项目过程中，任何物体落入潭中都将被迅速冲到各自的起始点；使用木板时，小心压手，只有木板两端都稳定地搭在固定物体上以后方可使用。

四、安全监控

注意监控项目操作，木板放在手上，禁止木板上人；培训师在项目过程中，要不断地提醒队员注意手和板子，强调慢起慢落，特别小心不要砸到脚；不特意强调说明禁止两队队员发生身体接触和冲撞，但要控制不要引起真正的冲突；在板子搭好后，过人之前，两端最好有队员用脚踩住，特别是中间区域，注意监控等。

五、项目控制

（一）项目布置阶段

（1）精炼语言，保持学员的注意力

（2）强调项目有危险性和难度

（3）培训师对任务目标、活动规则讲解要清楚明了，避免学员误解或疏漏。

（二）项目进行阶段

（1）注意观察每个人的表现，对突出人物要做细致的记录。

（2）记录每一次事件的转折点以及人物。

（三）项目回顾阶段

（1）对学员顺利完成任务予以鼓励.

（2）努力让每一个学员都发言，对于每一个学员的发言都应该予以充分肯定。

（3）让学员说出自己想说的话，引导学员从项目中体会出深刻的道理，而不是培训师"填鸭式"的讲授。

（4）注意培养学员的团队学习精神，要求每个学员自始至终保持对活动的参与。

（5）引导学员对其他学员的表现进行评价并发表自己的观点。

任务二 移桩接水

一、项目概述

（1）名称：移桩接水。

（2）人数：12 人至 18 人。

（3）时间：总培训时间 90 分钟，其中活动指导时间 10 分钟，集体活动时间 40 分钟，回顾总结时间 40 分钟。

（4）场地：在户外展开，圆圈的直径大于 8 米，并绘制线路

（5）器材：绳子至少两根，每根不少于 20 米，木桩一个（直径 0.3 米，高 0.9 米），塑料标志盆一个，水若干。

二、培训目标

（1）友爱的满足，协作的必要。

（2）沟通的方式，理解与误解。

（3）详细的计划，想象与执行。

（4）换位思考意识，增强团队内部的融洽。

三、项目布置

（一）项目布置

（1）准备阶段：将木板放在圆圈中间，并将水盆接好水后，放在木桩中间，让所有学员站在圆圈外面，不要踩线或站在圈内。

（2）项目名称：移桩接水。

（3）项目性质：团队合作项目。

（4）任务：在我们面前有一个圆圈，我们的任务是在 40 分钟内，利用现有的资源，将水盆取出，如果剩余水量高于指定水位线，则项目成功。

（5）项目规则：圆圈内是危险区域，任何物体不能接触地面，包括绳子、人体等；任何物品都不能接触水盆，包括人、绳子等；木桩不能压线，否则将触动机关，木桩将返回起始点。

（6）活动收尾：将木桩等物品归位。

（二）安全布置

（1）必须佩戴手套。

（2）小心不要让木桩砸到自己.

四、安全监控

（1）注意提醒队员用力要均匀，不要使用猛劲，以免晃倒队友。

（2）活动过程中，注意木桩的移动，不要摔倒将水盆、木桩本身摔坏，也能防止伤及队友。

（3）重点监控女士以及力量相对较弱的地方。

（4）针对个别队员，适当引导注意抓绳子的方式，以免伤到手掌。

五、项目控制

（一）项目布置阶段

明确资源和项目规则，不对规则本身过多地解释。

（二）项目进行阶段

（1）当学员试图从空中取拿物品时，适当重复规则，明确任务。

（2）当学员试图将木桩吊起来的时候，培训师可根据情况适度引导。

（3）当学员利用周边物体的时候，注意牢固程度以及绳结的结实程度。

（4）当学员长时间针对方法讨论的时候，注意引导学员尝试。

（5）当学员针对方法讨论十分激烈的时候，培训师注意控制场面和氛围，只针对活动本身，不针对人。

（6）当学员在合力拉木桩的时候，培训师注意强调要缓慢稳定。

（7）针对严重不遵守规则的情况，培训师可根据情况临时调整，如项目进行速度慢，可适当降低难度等。

（8）注意控制场面和氛围，对于参与度不高的队员，培训师要适当关注和引导。

任务三　有轨电车

一、项目概述

（1）项目性质：团队合作项目。

（2）项目任务：请每个队员在木板上找到一个相应位置，用手抓住体前的绳子，通过移动木板，到达指定目标。

（3）项目规则：①脚要放在两块木板之间。②失去重心时，要及时把手握的绳子向外侧扔开，向板的外侧跳开。

（4）项目注意事项：不允许把脚捆在板上，双手不能缠绕绳索。

（5）项目监控：培训师要注意监控第一名队员，培训师要站在第一名队员的侧前方1.5～2米的距离，选择较为平坦的地面。

（6）场地选择器材应用及制作：两块一样长短的木板或四根一样长短的竹子，绳索若干。

二、项目回顾要点及问题设计

（一）业绩

（1）如何在个人独立的状况下与同事一起工作，以团队共同确认的目标为出发点，发掘新的工作方法以达到更高标准的业绩。

（2）团队如何在工作中尊重、倾听并实践员工的想法、感受、需求与梦想。

（3）培养个人的多项工作能力，迎接挑战。

（二）创新

为取得并保持竞争优势，愿意改变，寻求改变。

（三）鼓励

（1）在团队工作过程中，虽然每个人的职位不同，但是都需要为他们欢呼、喝彩，并要贯彻始终。与大家分享成绩同样能激发人们的热情。

（2）$E=mc^2$，即热情（enthusiasm）等于任务（mission）乘以现金（cash）与祝贺（congratulations）。

（3）互相鼓舞能激发人们的工作热情（可以通过声音、行动、语言、表情等形式）。

（四）问题

（1）为什么我们一开始的时候动不起来？人多力量大的条件是什么？

（2）有一个人动电车能开起来吗？讨论一个人的建设性、创造性、破坏性。

（3）大家是怎样讨论出计划的？还记得有什么好的建议吗？

（4）大家觉得成功完成任务，最主要的原因是什么？

（5）团队领导者对团队完成任务有哪些方面的影响？

（6）失败后大家是用什么方式鼓励对方的？

（7）一个人的鼓励和团队共同互相鼓励有什么不同吗？

（8）用什么样的鼓励方式更能够令人接受？

三、相关理论

（1）个人利害关系，个人目标的实现有赖于组织的目标实现，当个人步调与集体步调不一致时，你是随着团队走，还是让团队随着你走。

（2）在个人和集体存在矛盾时，要做到个人服从集体的意志。

（3）最有效的沟通往往是最简洁的方式，让对方能够清楚地理解。

（5）任何团队的建设都要经历三个阶段：磨合、协调、默契。

（6）任何事情都要发现其内在的规律，寻找其节奏感。

四、变通操作

可以设置拐弯、交换人员、不许说话等规则。

五、小故事

大雁飞行的故事。

任务四 履带战车

一、项目概述

（1）项目类型：团队合作项目.

（2）项目介绍：每组利用报纸、透明胶带制作一条圆形运输带，将全组成员从起点运输到终点。先到终点并且运输带没有破裂的为胜。

（3）培训目标：①提高队员组织、沟通和协作的能力。②人力资源的合理分配和运用。③行动之前的讨论和计划对于事情的成败起重要作用。④培养人处理事情时良好的计划性和条理性。⑤培养队员的集体荣誉感和勇于奉献的精神。

（4）项目规则：①脚步一定要落在履带上。②履带断裂停止该队伍的比赛。

（5）项目监控：培训师要注意监控第一名队员，培训师要站在第一名队员的侧前方1.5～2米的距离，选择较为平坦的地面。

二、项目回顾要点及问题设计

（一）业绩

（1）如何在个人独立的状况下与同事一起工作，以团队共同确认的目标为出发点，发掘新的工作方法以达到更高标准的业绩。

（2）团队如何在工作中尊重、倾听并实践员工的想法、感受、需求与梦想。

（3）培养个人的活动参与热情和能力，迎接挑战。

（二）创新

为取得并保持竞争优势，胸怀大局意识，愿意改变，寻求改变。

（三）鼓励

（1）在团队工作过程中，虽然每个人的岗位不同，但是都需要时他们进行鼓励，并要贯彻始终。与大家分享成绩同样能激发人们的热情。

（2）互相理解和鼓舞能激发人们的工作热情（可以通过声音、行动、语言、表情等形式）。

（四）问题

（1）大家认为这项工作任务的特点是什么？

（2）大家是怎样讨论出计划的并组织实施的？还记得有什么好的建议吗？

（3）大家觉得成功完成任务，最主要的原因是什么？

（4）团队领导者对团队完成任务有哪些方面的影响？

（5）失败后大家是用什么方式鼓励对方的？

（6）一个人的鼓励和团队共同互相鼓励有什么不同吗？

（7）用什么样的鼓励方式更能够令人接受？

三、相关理论

（1）个人利害关系，个人目标的实现有赖于组织的目标实现，当个人步调与集体步调不一致时，你是随着团队走，还是让团队随着你走。

（2）在个人和集体存在矛盾时，要做到个人服从集体的意志。

（3）进行有效的沟通，采用简洁有效的方式，让对方或大家能够清楚地理解。

（4）任何团队的建设都要经历三个阶段：磨合、协调、默契。

（5）任何事情都要发现其内在的规律，把握规律，找到方法。

如图 9-1 所示为拓展项目履带战车。

图 9-1　履带战车

任务五　雷阵

一、项目概述

（1）项目性质：团队合作项目。

（2）项目任务：要求所有队员依次进入雷区，探出一条通往雷区出口的安全通道，40分钟内，所有队员依次通过雷区。

（3）项目规则：①雷区内每次只允许1人次活动。②每次只能在相邻的格子里移动。③每进入一个新的格子，停下来听口令（继续或者有雷），当听到有雷请按原路返回至雷区的入口处。④不允许试探或踩线。

出现以下情况，视为违例，将予以扣分：重复触雷（第一次触雷不扣分）；触雷后未按原路返回；非进入雷区者进入雷区；踩线。

（4）项目注意事项：①不允许在雷区内作永久性标记。②不要踩坏留在标记处的贵重物品。③做完项目后及时清理现场。④随时注意学员不要偏离活动场地。

（5）项目监控：关注项目中非探雷队员的移动是否有违规和参与度的问题。

（6）场地选择器材应用及问题制作：雷阵布一张、设计好的雷阵图一张、空旷的场地。

二、项目回顾要点及问题设计

（一）回顾要点

（1）群体决策与目标导向。

（2）科学的方法与善于利用手边的工具。

（3）创新求变与打破思维定式。

（4）小集体与大团队。

（二）问题

（1）大家对我们的分数满意吗？为什么？

不知不觉的小错误会使我们的工作成效大打折扣。

（2）一开始大家是怎么看待红区的？为什么不敢进入第二个红区？

（3）有没有更好的方法完成这项任务？

好的方法是成功的一半，工具随手可得。

（4）怎么来看待规则？

①束缚 – 资源。

②观念的差异：主动与被动。

三、队员在项目进行中的通常表现

刚开始对于规则不在乎，可以想到的办法是记录，对于两个红区开始不关注，以为是禁区，直到找不到路才开始关注，在雷区的队友通常会在雷区内开始想下一步该怎么走，效率低。

四、相关理论

（1）前进过程中受阻可以考虑后退（跳课桌的故事，后退一步，跳到桌子上），有时退步是为了更好地前进。

（2）开拓创新的思维意识，突破思维定式。

（3）合理的分工是促进团队效率提高的一种有效方法。

（4）熟悉规则，利用规则。

五、操作指导

可以分成两个小组分别从 1 ~ 6 号和 7 ~ 12 号口进入雷区，竞争与合作。注意团队的气氛以及队员的反应。

六、小故事

（1）老太太草地寻针。

（2）跳课桌的故事（关键时刻后退一步）。

（3）六只蜜蜂和同样多只苍蝇被装进一个玻璃瓶中，瓶子平放，瓶底朝着窗户，这时蜜蜂不停地想在瓶底上找到出口，一直到它们力竭倒毙或饿死；而苍蝇则会在两分钟之内，穿过另一端的瓶颈逃逸一空。蜜蜂以为，囚室的出口一定在光线明亮的地方，它不断地重复着这种合乎逻辑的行动。对蜜蜂来说，玻璃是一种超自然的神秘之物，它们在自然界中从没遇到过这种突然不可透气的大气层。而它们的智力越高，这种奇怪的障碍就越显得无法接受和不可理解。事实上，就是由于对光源的喜爱，由于它们的智力，蜜蜂才灭亡了。那愚蠢的苍蝇则对事物的逻辑毫不留意，全然不顾光亮的吸引，四下乱飞，结果误打误撞地碰了好运气，这些头脑简单者总是在智者消亡的地方顺利得救。因此，苍蝇得以最终发现出口，获得自由和重生。

这件事说明，实验、坚持不懈、试错、冒险、即兴发挥、最佳途径、迂回前进和随机应变，所有这些都有助于应付变化。成功的设计实践总是跟实验、应变联系在一起的。打破僵化、无拘无束，保持宽松开放、生气勃勃的环境，这是所有出色的设计管理的真谛。当每人都遵循规则时，创造力便会窒息。这里的规则也就是瓶中蜜蜂所坚守的，其结局是死亡。

任务六 盲人方阵

一、项目概述

（1）项目性质：团体合作项目。

（2）实施场地及器械制作：空旷的场地，3条10米左右不一样长度的绳子、眼罩若干。

（3）项目任务交给大家一根绳子，需要大家在40分钟内把绳子拉成最大面积的正方形，人员要相对均匀地分布在正方形的四条边上。

（4）项目规则：在项目进行过程中，任何人不允许摘下眼罩偷看。

（5）项目注意事项请队员站在空旷地上，发给大家眼罩，交代眼罩用法，灰色朝外，让大家戴好，并嘱咐"请大家不要偷看，否则这个项目就没意思了"，项目时间40分钟。

（6）项目安全及监控：注意障碍物的阻挡。记录表现突出的队友表现及言语。准备纸巾若干，天热，学员摘眼罩后，眼睛出汗用。注意摘眼罩的过程：要慢，一步，一步，低头，用手捂眼，摘眼罩，适当停留，手逐渐留缝，慢慢睁开双眼，手慢移开。

二、项目回顾要点及问题设计

（1）大家觉得这个项目中最困难的环节在哪里？

（2）为什么有些人始终在沉默？

（3）精简机构的问题，团体成功与个人成功的关系？

（4）作为领导者，更关注任务完成的过程还是结果？

三、Simon解决问题五步法

（1）确认现状和目标。

（2）要因分析：人机料法环（TQC：Total Quality Control；TQM：Total Quality Manage）。

（3）整理资源。

（4）方案制订和选择。

（5）执行——方案周知大家；沟通秩序；P-D-C-A（措施要切实有效）。

四、队员在项目进行中的通常表现

多头领导；很多队员只和自己身边的队友展开讨论；有些队员很少说话。记得询问原因。

五、相关理论

（1）苛希纳定律：在管理中，如果实际管理人员比最佳人数多两倍，工作时间就要多两倍，工作成本就多四倍；如果实际管理人员比最佳人数多三倍，工作时间就要多三倍，工作成本就多六倍。用人贵精。苛希纳定律告诉我们：在管理上，并不是人多就好，有时管理人员越多，工作效率反而越差。只有找到一个最合适的人数，管理才能收到最好的效果。苛希纳定律虽是针对管理层人员而言的，但它同样适用于对公司一般人员的管理。在一个公司中，只有每个部门都真正达到了人员的最佳数量，才能最大限度地减少无用的工作时间，降低工作成本，从而达到企业的利益最大化。沃尔玛前总裁山姆·沃尔顿为我们提供了一个很好的案例。

（2）树立目标的 SMART 模式：是指 Specific（具体化）、Measurable（可衡量）、Attainable（可行）、Realistic（切实）以及 Trackable（可追踪）。

六、变通操作

可以加大所摆图像的难度。

七、其他说明

项目结束前，要求队长征得所有人的同意，已经完成了，才可同意学员把绳子放在地上，可用脚踩住。

八、小故事

有一位哲人，教授别人辩论收取 30 美元，但教一个人闭嘴倾听要收 3000 美元。

任务七 彩弹

一、项目概述

（1）项目性质：多人合作、竞争相结合项目。

（2）项目实施场地及器材：彩弹枪、子弹、人工设置各种障碍的场地。

（3）项目解释：彩弹又称"匹特博"，是英文paintball的译音，是一种以击发器（paintball gun）和彩弹（paintball）为主要工具，对参赛者的眼面部有较严密保护的激烈对抗性的运动。彩弹运动就是以特定的击发器作为"枪"，以特定的彩球作为"子弹"的一种对抗射击式的体育娱乐项目。它最大的特点是模拟战争。

二、彩弹比赛规则

彩弹运动是在两组队员或更多的队员之间进行，两人以上就可以参加活动，其比赛方法是由一组参赛者与另一组参赛者进行对抗。每一场比赛都是有时间限制的，比赛的时间可由几分钟到一小时不等。比赛前，每一个参赛队员配备一支击发器、一副护目镜和一定数量的彩弹。这种游戏的胜负决定于参赛双方谁能先从比赛场地的一端攻入对方的一端，将另一方队员的旗帜夺到手，在比赛中，根据需要使用击发器向对方队员射击，击退"敌人"，赢得胜利。在比赛中，如一方意外地将自己的队员用彩弹击中，该队员就得自动退出比赛场。所以，在比赛过程中，每一个队员必须很小心，只能用彩弹攻击对方。

（1）裁判员是控制及保证场内比赛安全进行的核心人员，必须尽心尽职并按照各项规则认真、公正地裁判。

（2）裁判员应在参赛人员进入场地前详细讲解击发器和面具的使用规则以及安全规则、裁判规则。

（3）裁判员应按规定穿戴裁判员服装及色泽背心、特殊颜色面罩及清洁眼罩，还要携带口哨用擦拭枪膛所用的工具。裁判员要随比赛的进行不断移动位置，以保证正确判定胜负。

（4）裁判员使用的裁判哨是指挥比赛进行的重要工具，对比赛中的哨声作如下规定：一声长哨音代表比赛开始或暂停后重新开始；两声连续哨音表示比赛暂停，参赛者不准再射击，不准移动所站的位置，直到听到再开始的哨音出现；三声连续哨音表示该场比赛时间已到，所有参赛者停止射击、走出伏击位置，随裁判员进入规定区进行结束讲解。

（5）比赛场中裁判员或参赛者仅用下列简单语言表达有关意义。击中：表示彩弹在某一参赛者身上破裂；查验：对参赛者身上的彩弹污斑有疑义时可以提出要求裁判检查；投降：当某参赛者发现对方已在三米之内举枪对准他时，他可以举手并叫投降；裁判员：参赛者需要帮助时可呼叫裁判员。

（6）击中和判罚击中。击中：指某一队员被实际击中，无论射击者是哪方队员；判罚击中：指参赛者有违反匹特博安全规则行为时（如小于安全距离射击、用击发器接触对方身体、身体互相接触、故意射击裁判、不听从裁判员指挥等）由裁判员判为被击中。可在场地某一区域设置中立岛，即被击中者暂时逗留的地点。只要一次被击中，就必须由裁判护送至中立岛等待上场。再上场时，须等待对方被击中人员替换。

三、安全注意事项

彩弹射击是一项有惊无险的军体活动，但和许多体育活动一样，有着较为严格的"游戏规则"需要大家遵守。由于彩弹枪有较大的压力，8 米之内禁止向人体射击；而防护面具也是万万不可在射击过程中摘除的。要牢记这两条，保证自己的安全。另外，由于比赛场地地形起伏，最好穿旅游运动鞋，便于跑动转移，防止扭伤。

四、项目分享与回顾

（1）在彩弹射击过程中你的体验和感受如何？

（2）如果再给你一次实战的机会，你会有哪些改变？

（3）这个项目给我们的学习、工作和生活带来什么启示？

扫描下方二维码可观看彩弹视频。

彩弹视频二维码

任务八 牵手

一、项目概述

（1）项目性质：双人合作项目。

（2）项目实施场地及器材：眼罩（保证一半以上的队员每人一个），人工设置的各种障碍。

（3）项目任务：按规矩两人共同行进一段距离，然后找到和自己搭档的队友。

（4）项目规则：以队为单位进行，人员分成A，B两个部分，多余人员参与保护；A，B两部分人员事先不知道要做什么，随机1，2报数分组；整个项目操作时间40分钟，分成上下两部分，第一部分25分钟；请一组的队员戴上眼罩，另一组的队员一对一保护。

完成线路至少需要25分钟，线路包括躲避障碍、钻过低障碍、上下1米左右高台、窄路、网绳等。

全部到达后可以先让两部分人分开，再摘去眼罩。

开始找同伴，用时10分钟：以分好组的队员为单位走完本项目规定路线，到达终点以后，在大家得到摘去眼罩的口令以前，任何不戴眼罩的人都不允许用语言与任何队员交流，违者出局。不戴眼罩的队员任务是带领自己的同伴走完全程并对同伴的安全负责，必须保护同伴不受任何伤害。戴眼罩的队员的任务是：当你们完成任务并被允许摘去眼罩的时候，找到牵着你的手走完全程的人。都能完成的一组队员允许用自己的方式来相互奖励。

（5）项目注意事项：①场地的选择以及障碍物的设置不能太过崎岖。②先不宣布正确与否，待全部配对结束后宣布。③以自己的选择结果为回顾单位，一组一组发言。

（6）项目监控：要预留队员做安全员，关注行进过程中有障碍的地方，关注行进比较慢的队友，在困难地方可控制速度，稍做等待。

二、项目回顾要点及问题设计

（1）行进过程中如何进行有效的沟通？

（2）你是如何找到帮助你的队友的？

（3）基础的信任源自于什么？

（4）戴眼罩的队员和不戴眼罩胡队员各有什么样的感受？

三、队员在项目进行中的通常表现

开始还可以跟着一起走，因为路比较平，随着道路的崎岖速度越来越慢，有的队友需要拉拽才能走动。不戴眼罩的队员很着急，表达不出来，有时会采取抱或背的动作。

四、相关理论

相关理论包括：①友爱的满足；②协作的必要；③理解与误解；④沟通的方式；⑤支持；⑥坚持；⑦换位思考；⑧感谢与帮助。

五、变通操作

可以让两组队员互换角色

六、其他说明

关注项目中的细节，如双方互相关注的动作及语言等。

任务九　七巧板

一、项目概述

（1）名称：七巧板。

（2）人数：12人至18人。

（3）时间：总培训时间100分钟，其中活动指导时间5分钟，项目活动时间40分钟，回顾总结时间55分钟。

（4）场地：①户外版：户外一块平整场地，最小16平方米（4米×4米）。②室内版：最小16平方米（4米×4米）。

（5）器材：七巧板一套（七个组的任务书、五种颜色的七巧板各一套，每套由七块组成，七个图形的卡片）；记分表一张（见表9-1）。

表9-1　七巧板记分表

七巧板记分表									
类别	一	二	三	四	五	六	七	八	九	总分
一组									
二组									
三组									
四组									
五组									
六组									
七组									

队名：　　　　　总分：

二、培训目标

（1）培养团队成员主动沟通的意识，体验有效的沟通渠道和沟通方法。

（2）强调团队的信息与资源共享，通过加强资源的合理配置来提高整体价值。

（3）体会团队之间加强合作的重要性，合理处理竞争关系，实现良性循环。

（4）培养市场开拓意识，更新产品创新观念。

（5）培养科学系统的思维方式，增强全局观。

（6）体会不同的领导风格对于团队完成任务的影响和重要作用。

三、项目布置

（1）项目名称：七巧板。

（2）项目性质：团队合作项目。

（3）任务：全队已经被分成了独立的七个小组，每个小组都有自己独立的任务，每完成一个任务，请举手向培训师示意，培训师会将分数记录在记分表当中，时间是 40 分钟。

（4）项目规则：①任何人不能离开自己的座位移动。②所有的教学用品不得抛掷，只能手手传递。

四、安全监控

（1）七巧板实施过程必须注意不能离开位置，且注意把握争抢资源的度；

（2）严格按照图示，给予统一标准，特别是多组同时做时，标准要统一；

（3）当队员争吵激烈的时候，注意调节现场的气氛。

五、项目控制

（一）项目布置阶段

七巧板项目的准备要充分，布置清晰，特别是每个组的组别很关键。每个组随意分发五块七巧板（或根据对小组人员性格了解及所要达到的培训效果发放不同数量版块），而且按照任务书和图号顺序分发。

（二）项目进行阶段

（1）注意要求队员不得移动椅子，身体不得离开所在的椅子。

（2）队员组好图形后，请确认图形，符合要求的，在记分表上记分。

（3）项目时间到 40 分钟时，结束项目，计算各组分数和团队总分。

（4）记分完毕，收回所有 35 块七巧板。

（5）回顾结束后，收回七张任务书和七张图。

（6）在活动开始的时候，对于完成图形的组别要大声报出，激励其他各组抓紧时间。

（7）在活动过程中对于没有七巧板的组别适当加以关注，并且可适当询问当时的感受和原因等，不断强调做的较慢的组别。

（8）控制争抢资源的同时，保证活动热烈而不失精彩。

（9）记分要及时、准确，可以回顾需要采用的颜色，或者记录更加详细的信息，当多个团队同时做的时候，要统一。

（10）记住典型队员的表现，便于总结和作为案例。

（三）项目回顾阶段

（1）可以针对各组发生的现象进行提问和分享，发觉组织的问题。

（2）可以针对大家关心和抱怨的问题，展开讨论。

（3）当矛盾集中在某一组时，培训师要适当引导，关键在于活动收获，不在于活动中的表现。

（4）不要激化矛盾。

（5）针对突出的队员进行回顾。

（6）可以针对分数的问题展开讨论。

任务十　搭书架

一、项目概述

通过搭书架活动，感悟协作中细节的重要性和发现规律的价值，它既可以单独作为一个课程，也可以与其他体验式活动联合使用。

（1）挑战人数：不少于 14 人，人数多了可以分组进行。（2）时间：布课时间 10 分钟；完成时间 30 分钟；项目挑战时间 20 分钟；回顾和总结时间 20 分钟。

（3）场地器材：任务书一张，带有齿口的木板 15 块，便签贴数张，圆珠笔一支。

二、学习目标

（1）培养学员阅读任务并理解任务性质的能力。

（2）培养学员迅速承担任务，扮演角色，进入工作状态的能力。

（3）培养学员善于发现和总结规律并应用在实际工作中的能力。

（4）培养学员善于合理利用资源的能力。

（5）引导学员感悟团队分工和团队决策对团队绩效的影响。

三、布课过程

（1）10 分钟内读懂任务书。

（2）在 30 分钟内按照图纸完成图形搭建。

四、安全监控

（1）场地干净整洁，最好有垫子或在平整的草地上进行。

（2）不要被木板夹伤手指。

（3）轻拿轻放，不要强硬拼接，避免木板破裂。

五、项目控制

（1）迅速介绍项目后发给学员任务书。

（2）整个过程完成后可以拆开观察，为下次快速搭建做准备（可以用便签做标记）。

（3）可以再快速做一次，和第一次所用时间作比较。

（4）多组同时比赛，时间少者为优胜。

六、回顾和总结

（1）引导大家回顾当时活动场景，描述现象并记住关键点。

（2）第一轮，我们用了很长时间，甚至难以完成任务，为什么？

（3）当我们搭建好的时候，为了第二次搭建提高效率，我们想记住每一块板的位置，但是这种方法没有很好地提高效率，为什么？

（4）什么时候发现书架是由几个正方形组成的，发现这个规律后效率提高了几倍，分析原因。

（5）引导学员把活动中发生的事实和生活中的经验相联系，如果碰到同样的问题，借鉴活动经验，该如何做？

如图 9-2 所示为拓展项目搭书架。

（项目来源：钱永健拓展训练）

图 9-2　搭书架

任务十一　雷区取水

一、项目任务

队员在规定时间内，在一个直径 5 米的雷区中间有一个水源（瓶装矿泉水），要在仅用一根绳子，不接触地面的情况下取到全体队员的救命水。如图 9-3 所示。

二、分享与回顾。

（1）培养队员的创新精神。

（2）资源优化配置。

（3）团队的合作精神。

三、启示

在关乎生死的环境中，只有高效率、能迅速达成共识并勇于尝试的团队才能险中取胜。

图 9-3　雷区取水

项目十　传递类素质拓展活动

———— ·((❈))· ————

任务一　杯水传递

一、项目概述

（1）名称：杯水传递。

（2）项目性质：团队合作项目。

（3）人数：一个团队或多个队操作。

（4）时间：总培训时间 90 分钟，活动指导时间 10 分钟，项目活动时间 40 分钟，回顾总结时间 40 分钟。

（5）场地：在户外或室内均可。

（6）器材：纸杯，水等。

二、培训目标

（1）团结就是力量，集体自信的重要性。

（2）突破思维定式，充分地运用规则。

（3）团队学习的重要性，经验的分享。

（4）坚持的重要性，坚持到最后一刻。

三、项目布置

（一）项目布置

（1）准备工作：让每组队员排成一个纵行站立（坐下）。

（2）任务：请大家在规定的时间里，遵守规则，用纸杯盛水由最后一名队员正确地传输到最前面的一名队员，时间短的为胜出。

（3）项目规则：①所有队员都不允许移动脚。②所有队员都不允许用手。③杯子掉落和用手扶持，要返回队尾重新开始。

（4）活动收尾：由教练确认传递结束以后，记下项目完成时间。

（二）安全布置

不允许使用危险的物品。

四、项目控制

随时注意场面控制，时刻大声提醒队员遵守规则。

五、小启示

实物可以变换，如气球传递、钥匙串传递、吸管传递等。根据实物不同，规则要求也随之变化。

任务二　珠行万里

一、项目概述

（1）名称：珠行万里。

（2）项目性质：团队合作项目。

（3）人数：一个团队或多个队操作。

（4）时间：总培训时间90分钟，其中活动指导时间10分钟，项目活动时间40分钟，回顾总结时间40分钟。

（5）场地：在户外或室内均可。

（6）器材：U型管，珠子，白板等。

二、培训目标

（1）建立沟通的方法，沟通的必要性（沟通是团队建设的基础，是任务顺利完成的保证）。

（2）突破思维定式，充分运用规则。

（3）团队学习的重要性，经验的分享。

（4）信息的共享以及及时反馈的重要性。

三、项目布置

（一）项目布置

（1）准备工作：让每组队员排成一个纵行。

（2）任务：请大家在规定的时间里，遵守规则，将珠子经过每个队员手中的U形管由指定的起点传输到预定终点，如需升级游戏难度，可以增加珠子数量。

（3）项目规则

①珠子只能在U形管里移动。

②珠子一旦到达一个队员手中所持的U形管，该队员全身不能移动。

③珠子不能有明显停滞和倒流，一旦珠子落地，重新开始。

（4）活动收尾：传递结束以后，记录总时间。

（二）安全布置

注意场地和器材安全。

四、安全监控

活动过程中，假如有违反规则的传递方式，培训师根据情况控制。

五、项目控制

（1）随时注意场面控制，时刻大声提醒队员遵守规则。

（2）在实施阶段，若提升游戏难度可以增加珠子数量。

（3）每一轮结束后，一定留出足够的讨论时间，安排各组分享。

（4）针对每一轮的变化，培训师注意观察活动积极和相对消极的人员，回顾时重点照顾到他们。

可扫描下方二维码，观看珠行万里项目视频。

珠行万里 视频二维码

任务三　驿站传书

一、项目概述

（1）名称：驿站传书。

（2）项目性质：团队合作项目。

（3）人数：一个团队或多个队操作。

（4）时间：总培训时间90分钟，其中活动指导时间10分钟，项目活动时间40分钟，回顾总结时间40分钟。

（5）场地：在户外或室内均可。

（6）器材：白板，坐垫，图例等。

二、培训目标

（1）建立沟通的方法，沟通的必要性（沟通是团队建设的基础，是任务顺利完成的保证）。

（2）突破思维定式，充分运用规则；

（3）团队学习的重要性，经验的分享；

（4）信息的共享以及及时反馈的重要性；

三、项目布置

（一）项目布置

（1）准备工作：让每组队员排成一个纵行坐下。

（2）项目性质：团队合作项目。

（3）任务：请大家在规定的时间里，遵守规则，将一组数据正确地由最后一名队员传输到最前面的一名队员，每次规则会做出相应的修改。

（4）项目规则：

①所有队员都不允许说话。②所有队员都不允许回头。③手不能互相接触，且不能让前方队友看到。

（5）活动收尾：传递结束以后，请最前面的队友将信息写在指定的位置。

（二）安全布置

不允许使用危险的物品。

四、安全监控：

（1）严禁使用尖锐物体，避免伤害。

（2）活动过程中，假如有较为恶劣的传递方式，培训师根据情况控制。

五、项目控制

（1）随时注意场面控制，时刻大声提醒队员遵守规则。

（2）在实施阶段，不断提升信息的难度，可以是整数、小数、分数、汉字等。

（3）每一轮结束后，一定留出足够的讨论时间，安排各组分享。

（4）针对每一轮的变化，培训师注意观察活动积极和相对消极的人员，回顾时重点照顾。

（5）场地的布置和队伍在分队很多的时候，注意分工要明确，保证整体进度的均衡。

六、小启示

驿站传书信息可以是数字也可以是文字、故事、画面等。

可以根据客户、背景、需求等设计活动内容和规则要求。

驿站传书

任务四　不倒森林

一、项目概述

（1）名称：不倒森林。

（2）项目性质：团队合作项目。

（3）人数：一个团队或多个队操作。

（4）时间：总培训时间 90 分钟，其中活动指导时间 10 分钟，项目活动时间 40 分钟，回顾总结时间 40 分钟。

（5）场地：在户外或室内均可。

（6）器材：塑料管，计时器等。

二、培训目标

（1）建立沟通的方法，沟通的必要性；（沟通是团队建设的基础，是任务顺利完成的保证）。

（2）突破思维定式，充分的运用规则。

（3）团队学习的重要性，经验的分享。

（4）善于分析以及及时反馈的重要性。

三、项目布置

（一）项目布置

（1）准备工作：把一定数量的塑料管首尾相接排成一个圆，让每组队员站立在每根塑料管外侧中点。

（2）任务：请大家在规定的时间里，遵守规则，将手中的塑料管传递给后面的队员同时接住前面队员传递过来的塑料管。一次性完成无失误传递塑料管数量作为活动效果的评价标准。

（3）项目规则：①所有队员都只能用一只手传递。②所有队员没有传递时状态传递手都是手掌平伸，手心向下，按扶在塑料管上。③有一支塑料管倒地，计数重新开始。

（4）活动收尾：传递结束以后，记录活动时间。

（二）安全布置

不允许持塑料管打闹。

四、安全监控

活动过程中，假如有违规的传递方式，培训师根据情况控制。

五、项目控制

（1）随时注意场面控制，时刻大声提醒队员遵守规则。

（2）在实施阶段，如遇到反复失利的情况可以适度进行技术提醒等。

（3）每一轮结束后，一定留出足够的讨论时间，安排各组分享。

（4）针对每一轮的变化，培训师注意观察活动积极和相对消极的人员，回顾时重点照顾。
可扫描下方二维码观看不倒森林项目视频。

不倒森林 视频二维码

项目十一　协作类拓展项目

————————————— ·《❀》· —————————————

任务一　鼓动人心

一、项目概述

（1）项目名称：鼓动人心。

（2）项目类型：场地，团队配合，多团队竞争（可以单队进行，也可以多队竞争）。

（3）学员人数：一个队或多个队。

（4）总培训时间：90分钟。

活动指导时间：10分钟。

项目活动时间：40分钟。

回顾总结时间：40分钟。

（5）培训场地：10 m×10 m户外开阔场地，要求平坦，无障碍物，室内场地要求高度2.5 m以上（注意避开防火花塞和烟感器、照明设备以及其他容易碰落的物体），户外场地注意背风。

（6）培训器材：四环或八环鼓一面，手套每人一副，网球或排球一个，腊漆绳 N 条（N=队员人数）

二、培训目标

（1）目标分解与激励人心．人才一般都有能力，但未必都有意愿。目标分解让人员保持成就感，激发潜力，那么人才成为天才，生产力和创造性解决方案就滚滚而来了。激励人心提高团队凝聚力，使员工有归属感，有利于组织目标的最终达成。

（2）合理分工与细化的绩效考核。合理分工提高生产力，提高利润率；细化的绩效考核保证合理分工的有效性。

（3）执行力：（目标、计划、跟进、人员、抓住重点和把握细节）执行创造利润。"一流的计划，二流的执行"带来的效果往往不如"一流的执行，二流的计划"当然更无法和"一流的执行，一流的计划"相比了。

（4）锲而不舍、关注成就。企业随时面对挑战，挑战之前，意志坚定、愈战愈勇的员工促进组织稳定性。他们能逮住任何一个小小的成就激励团队士气，稳定军心。是企业变革的推动，发展的基石，成功的助力。

三、项目布置

（一）前期准备

准备好项目所用器械：四环或八环鼓一面，手套每人一副，软绳 N 条（N= 队员人数），普通皮球一个（直径 12 cm 以内）

（二）任务描述

我们要做的这个项目叫作"鼓动人心"，这是一个团队合作项目，我们的任务首先是利用所给的材料制作出一面靠绳子牵拉的鼓。然后通过练习达到颠球百次的预期目标，并参加比赛。

（三）相关规则与注意事项

（1）团队所有队员必须戴好手套。

（2）只能用鼓和绳子接触球。

（3）移动过程中，注意周边的障碍物，不要撞到障碍物上，旁边有房屋，树木等障碍的时候一定要提醒学员。

（4）在移动过程中注意动作幅度不可过大，感觉手里的绳子绷紧的话，应该立即松手，不要硬拽。

（5）不能将绳子缠在手上。

（6）不得故意干扰其他队颠球。

四、项目控制

（一）布置阶段

条理清晰，逻辑明朗。布置完项目后再发放器械。

（二）进行阶段

（1）注意不要让参训队员把绳子套在自己手腕上，以免被别人拽倒。

（2）提醒学员多练习，对于进展不顺利的团队可以提醒开始的时候把绳子拽紧，让鼓面处于水平位。

（3）把握好场面气氛，可试用实况播报的带队方式，并严格按照统一的规则标准。

（4）注意观察典型行为，做好行为观察。

（三）回顾阶段

（1）控制学员情绪，尤其是失败队伍的情绪状态。

（2）根据比赛结果来谈执行的重要性。

（3）结合行为观察进行回顾。

五、安全监控

（一）场地环境

平坦，无障碍物，室外场地尽量选择背风场地。室内场地一定注意高度以及避开屋顶的防火设备及照明设备。

（二）器械操作

准备好的绳子，一端是一个单环，学员可以使用抓节连接鼓侧面的扁带。

（三）学员行为

（1）观察学员跑动范围，并时刻提醒注意周围障碍物。

（2）防止学员以绳缠手。

（3）提醒学员跑动时候不要太快。

（4）注意控制团队间的故意干扰。

同心鼓 视频二维码

任务二 极速60秒

一、项目概述

（1）项目名称：极速60秒。

（2）项目类别：室外，团队竞争。

（3）学员人数：二至三队为佳。

（4）总培训时间：90分钟。

活动布置时间：10分钟。

活动进行时间：40分钟。

回顾总结时间：40分钟。

（5）培训场地：室外有草地最佳，空场次佳，室内足够空间亦可。

二、项目布置

（一）培训器材

少于等于四个队都可用一套器材。

（1）一套（30张）极速60秒卡片，反正面彩打。

（2）一根12米左右的绳子（划定区域用）。

（3）计时手表。

（4）每个队一个立式白板（或大白纸），几支笔选用。

（二）项目描述

下面要进行的项目会考验团队的速度、智慧与激情，在尽量短的时间内需要把散落在绳子区域内的代表数字1～30的卡片按顺序拿出来。

（三）规则

（1）每一轮的时间只有60秒。

（2）同一时间内只允许一人进入区域。

（3）一旦出现违规（卡片顺序错误，多人进区），本轮即失败，60秒结束后回到讨论区，准备下一轮。

三、项目监控

（一）项目开始前

（1）讨论区和比赛区要有一定距离或隔开。

（2）如多队在一起比赛，各队伍之间也需有距离。

（二）项目进行时

（1）对两种违规严格控制。

（2）60秒时间一到，督促比赛区的队伍回到讨论区。

（3）每一轮酌情给 3 ~ 5 分钟讨论时间

（4）大多数团队需要 5 ~ 7 轮完成

图 11-1　极速 60 秒

任务三　达·芬奇密码

一、项目背景

市场变化莫测，商场风云迭起。谁能在千变万化的市场中占据一席之地？如何打造一支高效的执行团队？如何培养团队领导者的领导力？

此项目演绎了一个变化的市场情景，从信息收集，到科学决策，到坚决执行。从上至下考验着一个团队领导者的领导力，也考验着这支团队的执行能力。从放权—监控—服务—分享，几个层面提升领导力！

二、项目介绍

团队的队长将到教练处领取任务，传达任务和规则。在项目正式操作期间，队长将作为观察者在操作区。团队成员依次前往该区域，按照每一轮任务的不同，将正确的卡片按顺序翻出，用时最短的团队胜出。如图 11-2 所示。

三、项目意义

（1）团队中服从的重要性。

（2）团队执行力。

（3）团队高效协作。

（4）团队信任感的建立。

四、学员感悟

"原本很简单的事情被我们弄得一团糟，后来我们分析了原因，就是大家各自为政。没有做到真正的执行，尤其是团队领导不在的情况下，我们立刻变成了一盘散沙。军队中有句话让我做完这个项目以后感受深刻：理解的去执行，不理解的，执行了再去理解。如果我们按照既定的思路和战术战略，有没有领导都应该是一样的。这样团队的领导会轻松很多，实现真正的无为而治，大伙各司其职。"

图 11-2　达·芬奇密码

任务四 蛟龙出海

一、项目类型

团队合作项目。

二、项目介绍

所有队员必须从起点线出发，到达终点线，所有队员用绳子绑住自己的脚踝和自己两侧队友的脚踝，然后依次排开，向终点线走去。如图11-3所示。

三、培训目标

培养参训人员对工作的专注性。增进团队信任，使队员们发扬团队精神、协同工作。

四、分享和回顾

蛟龙出海是个团队配合的项目，如何调整自己和团队的步伐是成功的关键，使学员知道整个队伍绩效的提升和每个个体的努力是分不开的，个人的能力、素质和他人的配合方式对于企业的成长尤其重要，对企业营造良性竞争环境，建立学习型组织至关重要。

图 11-3 蛟龙出海

任务五　同进同退

一、项目类型
团队合作项目

二、项目介绍
所有队员在起点站立，必须喊着口号一只脚跨越两条标志线，后面的脚跟上，再一只脚跨回来，后面一只脚跟上，返回原来的起点，所有队员必须同一只脚同时落地，抬起才能计数，达不到要求不计数，单位时间内记步数多者为胜。

二、培训目标
培养参训人员对工作的专注性。增进团队信任，使队员们发扬团队精神、协同工作。

四、分享和回顾
如何调整自己和团队的步伐是成功的关键，使学员知道整个队伍绩效的提升和每个个体的努力是分不开的，个人的能力、素质和他人的配合方式对于企业的成长尤其重要，对企业营造良性竞争环境，建立学习型组织至关重要。

同进同退 视频二维码

任务六　惊险倒计时

一、项目概述

（1）项目名称：惊险倒计时。

（2）项目类型：户外、团队、合作。

（3）学员人数：一个对或多个对。

（4）总培训时间：90分钟。

项目布置时间：10分钟。

项目进行时间：40分钟。

项目回顾时间：40分钟。

（5）培训场地：室外空旷、平地场地，宽至少3米，长50米左右为宜（可根据具体项目安排选择场地）。

（6）培训器材：（N代表队数）绑手带8×N条；PVC管4×N根；大小一致的小胶球或网球N个；塑料桶N个；报纸若干，用于时空隧道和风火轮，剪刀N把；窄胶带2N条；纸杯N个；两米长线绳2N条；迷宫取水轨迹图N个。

（7）任务描述：在99秒钟时间内，全队所有成员以接力形式完成蛟龙出海、乾坤大挪移、时空隧道、迷宫取水、风火轮（或千足虫）五个项目，项目顺序可由培训师根据实际情况自行调整。

二、培训目标

（1）认识合理分工、资源配置的重要性。

（2）培养团队的科学决策方法。

（3）培养学员认识自我、增强自信、超越自我和勇于面对困难、迎接挑战的精神。

（4）协作、配合、合理流程在团队工作中的重要性。

（5）培养学员合理计划，有效组织，统一行动的意识。

（6）团队工作要相互激励、相互帮助，避免指责、推诿责任。

三、规则及注意事项

每名队员均需参与，各项任务均不得犯规（若有犯规，时间不停），只有在遵守规则的前提下完成上一任务，下一项任务才可以开始。

（1）蛟龙出海：每队6至8名队员排成一排，将每2个人的脚踝绑在一起，横向移动20米左右的距离，若中途松开，需停下绑好方可继续。

（2）乾坤大挪移：每队2名队员面对面站立，每人两手各持一根杆（可用基地PVC的旗杆）垂直立于地面，在规则允许内，两名队员调换位置（规则：按培训师要求面对面站立；身体和手必须同时动；不能将杆插进地面）。

（3）时空隧道：每队6至8名队员并肩排成一横排，利用手中的报纸，在最短的时间内，将球运到指定塑料桶内（15米左右的距离）。

（4）迷宫取水：每队2名队员在手及身体任何部位不进入限制区域的情况下，利用线绳将盛满水的纸杯按规定线路移出（可利用公司大白纸或彩绸，画出4个同心圆，每个同心圆相反反向留出口，要求纸杯必须沿轨迹在出口方向出，不得触线，不可洒水）

（5）风火轮：每队6至8名队员用报纸制作一个履带式"风火轮"，团队成员脚踩报纸，手顶报纸，以队为单位竞赛，到达终点（15米左右的距离）。

（6）备选：千足虫，在有风情况下，取代风火轮，适宜在沙滩上或干净地面进行，如网球场等。

每队6至8名队员，成一列纵队站好，坐在地上，后面人双脚放到前面人大腿上，利用手作为支撑，像千足虫一样向前前进，除第一人外，任何人脚不可着地，前进过程中不得断开。

备注：此项目至少要做两轮，第一轮布置时间19分钟，之后给10分钟练习时间，练习结束，开始计时。一般第一轮做完后会用时130秒甚至更长，公布成绩。再给15分钟练习时间，再次计时开始。

四、项目控制

（一）布置阶段

（1）如一队做此项目，培训师可对全队队员讲解；如两队或以上竞赛完成，可由一位培训师对两队队员进行布置，另外一名培训师带领两队队员做老虎大象游戏，获胜者可以挑边（多组竞赛时可设计多条线路）。

（2）声音清晰、表达准确。

（3）可利用提前准备任务书的方式进行布置。

（二）进行阶段

（1）注意控制学员情绪，防止恶性竞争。

（2）观察记录典型行为以便回顾。

（3）把控场面气氛，营造竞争意识和持续改进的意识，尤其是练习阶段提醒多进行练习。

（三）回顾阶段

（1）多队进行的时候，选择一个适合回顾的场所。

（2）把控场面气氛，避免相互间的言语攻击。

五、项目监控

场地环境：场地平整宽敞，事前踩点；风火轮必须在硬质地面进行。

六、项目实施

（1）项目开始前要做充分的准备活动。

（2）蛟龙出海：提醒学员身体向前倾，两名培训师各在本队前移动保护；蛟龙出海绑脚的时候不能绑得过紧，避免压迫血管。

（3）乾坤大挪移：避免学员被 PVC 管绊倒。

（4）时空隧道：提醒和监控学员换位时不要因行走过快而摔倒、绊倒。

（5）迷宫取水：提醒学员不要被细绳划伤。

（6）风火轮：胶带不能沿着风火轮前进方向粘贴，避免剪刀、胶带、报纸等划破皮肤。

注意对各活动规则执行的监控，由于此项目经常用于多队竞争，所以规则监控的公平性尤为重要。

任务七 挑战150秒

一、概述

这是一个以团队为中心的组合竞技项目，项目基本包括：不倒的森林、能量传递、集体跳大绳、击鼓颠球、我是最棒的人等。

（一）时间

100分钟，10分钟布课，60分钟操作，10分钟分享，20分钟总结提升。

（二）人数

各组每次操作项目的人数不大于12人，每人至少参加一项，每次操作项目队员由各队自行选出。

（三）道具

各分组项目需求道具如下：

（1）不倒的森林的道具：10根1.2米长的PVC线管或竹竿（以下同）。

（2）能量传递的道具：10节直径125 mm的PVC管材，一个乒乓球或网球，一个纸杯。

（3）集体跳大绳道具：一根长10米、直径1 cm左右的绳子。

（4）击鼓颠球道具：一只均匀等分12至16根拉绳的鼓（或有机玻璃板替代，要求板厚5 mm，直径45 cm即可，四周均匀钻孔，孔直径10 mm，距离板边2 cm），一个排球。

（四）目的

（1）活跃团队气氛；

（2）促进团队合作；

（3）加强团队有效沟通；

（4）提升团队之间的领导核心和领导艺术。

（五）要求

每组以最快时间操作完成全部项目，项目的先后顺序不做要求。最后以各组操作项目的整体时间排名次。

二、操作步骤

（一）不倒的森林

（1）操作项目队员站成一个圆圈，保持每位队员之间50 cm的间距。

（2）队员需要将手表等物品取下，以确保安全。

（3）队员每人右手拿一根PVC线管或竹竿，将PVC线管或竹竿戳在地面上，用掌心按住PVC线管或竹竿最上面的一端。

（4）队员成跨立姿势站好，右手按住PVC线管或竹竿的上端，左手放在后背，面向圆心。

（5）安排点时间给队员做一下练习。练习完毕之后，所有人围成圆圈，等待项目操作。

（6）由其中一名队员统一喊指令："1，2，3，跳"，所有人向统一的方向跳动一次（脚步移动一步到位，不触地），松开自己手底下的PVC线管，并迅速按住左边或者右边队员的PVC线管或竹竿，可以根据人数要求学员完成N次跳动，大多数与学员人数相同。

（7）也可以将一组人临时分成两组操作该项目，一组操作项目，另外一组在其队员后面或身边站立。当一组在移动的时候，迅速向一边跳动并将手离开PVC线管或竹竿的上端，而由第二组的队员在同一时间跳上前去按住PVC线管或竹竿，并整体向一个方向移动。以此往复，可以根据人数要求学员完成N次跳动，大多数与每组学员人数相同。

（8）操作过程中，队员不允许抓PVC线管或竹竿，同样PVC线管或竹竿不能倒地，抓杆或杆倒地之后重新开始项目。

（9）当各队人数不同时，一般限制参加人数，力求各队参加该项目人数相同。

（10）按照规定的动作要领每组跳动N次之后，由教练明哨示意该项目结束，操作下一个项目。

备注：单独操作该项目时可以要求各组操作几次，分别是可以发声指挥和无声环境下操作，以促进团队之间的默契和协作力。我们称呼这个单独项目为：黄金钥匙。

（二）能量的传递

（1）在地面上将锯开的PVC管材堆放好，由教练规定起点和终点，并在起点放置一个乒乓球或网球，在地面按排列的管材长度的两倍位置设置为终点，并放置一个纸杯，以便回收乒乓球或网球。

（2）所有队员将管材拿在手中，依次从起点将球向终点方向滚动，操作一次之后快速在队尾接上管材，继续操作，最终使球顺利地落入杯中。

（3）传递过程中球不能落地，也不能将球向回滚动或停顿，否则这个项目从头开始。

（4）以最快的速度将球滚动到设置好的杯子中去，方可算该项目结束。

（三）集体跳大绳

每组队员全部参加，选出两个队员舞绳，其他队员集体跳绳，并按照要求连续跳起8个（教练规定），出现任何失误的，该项目重新开始。

（四）击鼓颠球

（1）准备一个大鼓，将鼓的周围均匀地分成12～16等分，并接好绳子，每根绳子长度不少于1.5米，做成12～16个拉手，队员只能抓绳头。

（2）留出一名队员，其他队员每人抓住一根绳子的绳头，将鼓拉平，由留出的那名队员将排球放在大鼓的鼓面上，其他队员通过手中的绳子，用大鼓将球连续颠起来7次（教练规定）。球颠起的高度不得高于距地面2米。

（3）没有达到规定的次数而球落地的，或球颠在绳子上的，都要将该项目重新开始，直到能够将球颠起规定次数，方可算该项目通过。

（五）我们是最棒的人

（1）所有队员迅速围成一个圆圈，面向圆心站立。

（2）要求所有队员用最激情的呐喊声和掌声来参加这个集体挑战。

（3）顺序：①所有队员用手依次与左边和右边击掌，嘴里高声喊出"1"；并弯腰向下鼓掌，嘴里高声喊出"我"。②所有队员用手依次与左边和右边击掌，嘴里高声喊出"1，2"；并弯腰向下鼓掌，嘴里高声喊出"我们"。③所有队员用手依次与左边和右边击掌，嘴里高声喊出"1，2，3"；并弯腰向下鼓掌，嘴里高声喊出"我们是"。④所有队员用手依次与左边和右边击掌，嘴里高声喊出"1.2.3.4"；并弯腰向下鼓掌，嘴里高声喊出"我们是最"。⑤所有队员用手依次左边和右边击掌，嘴里高声喊出"1，2，3，4，5"；并弯腰向下鼓掌，嘴里高声喊出"我们是最棒"。⑥所有队员用手依次与左边和右边击掌，嘴里高声喊出"1，2，3，4，5，6"；并弯腰向下鼓掌，嘴里高声喊出"我们是最棒的"。⑦所有队员用手依次与左边和右边击掌，嘴里高声喊出"1.2.3.4.5.6.7"；并弯腰向下鼓掌，嘴里高声喊出"我们是最棒的人"。每次击掌次数和喊出的数字要一致。最后全体欢呼。

项目十二　融冰类拓展活动

---·《❀》·---

任务一　旗人旗事

一、项目概述

（1）活动性质：团队建设，增强学员的归属感及凝聚力。

（2）活动时间：30分钟。

（3）道具：每组一面彩旗、一支旗杆、一盒彩笔。

（4）场地：教室或空地。

二、游戏步骤

（1）培训师发给学员上述材料。

（2）用30分钟建立小组队名，队歌和标志。

三、分享与回顾

（1）为什么以这种形式为建立团队的第一步，还可以有什么？

（2）你们的创作是从哪里获得启发和借鉴的？

（3）在创作过程中，是否出现意见不一，最后是如何取得一致意见的？

（4）在创作中，每个人的贡献如何，谁的贡献最大？

（5）理解什么是企业文化或团队文化？

（6）如何加强对团队文化的认同，增强团队凝聚力？

任务二 百万学堂

一、项目概述

（1）项目类型：活跃气氛，加深理解。

（2）学员人数：15-100人。

（3）总培训时间：30分钟。

（4）事前准备：扑克牌至少是参与人员的1.5倍，牌的种类仅限数字牌和图像牌，特殊牌先剔除，指定一张桌子为加油区，置放多余的扑克牌。

二、项目任务

所有学员在固定的场地，每人手中持有若干张扑克牌，两两PK，不能看自己的牌，以随机的方式出牌，谁的牌大就赢得对方一张扑克牌，预定时间内游戏结束。

三、规则说明

（1）每人随机抽取一张牌。

（2）每人每次找一个人参加比赛，所有人同时参加比赛。

（3）没有扑克牌的同学，允许去加油区取扑一张克牌，只允许取两次牌。

（4）活动结束时手里没有扑克牌的学生上台表演节目

四、活动分享

（1）哪张牌最好用，为什么？

（2）是打牌的人重要，还是牌好重要？

（3）当知道自己手中有牌可以不必上台表演的时候感觉如何？

（4）如果后面宣布拿到四张牌的同学可以获得奖励，你有什么感觉？

五、游戏升级

（一）项目任务

所有的学员在固定的场地，每人手中持有若干张扑克牌，两两PK，不能看自己的牌，以随机的方式出牌，两个人赛前先握手致意，然后同时出牌，最快说出两张牌的数字之和者获胜，结果赢得对方一张扑克牌，预定时间内游戏结束。

（二）规则说明

（1）每人随机抽取一张牌。

（2）每人每次找一个人参加比赛，所有人同时参加比赛。

（3）没有扑克牌的同学，允许去加油区取一张扑克牌，只允许取两次牌。

（4）活动结束时手里没有扑克牌的学生上台表演节目

（三）游戏变化

可以把比赛时用的加法换成减法、乘法、除法等

（四）活动分享与回顾

（1）第一轮游戏结束，第二轮分发扑克牌的时候，你有什么想法？

（2）是打牌的人重要，还是牌好重要？

（3）如何简化信息，简化自己的信息，做到知己知彼？

（4）这个游戏对你有什么启发？

（5）当你不了解自己的时候，你的成功与什么有关系？

（6）当你一定程度地了解自己，你对成功的把握有什么变化？

（7）任务改变后，出现什么现象？

（8）你迅速理解新规则和适应新规则了吗？

（9）你在这个活动中表现出的优点是什么，不足是什么，你懂得了什么道理？

任务三　大王拳

一、项目概述
（1）项目类型：热身、加深理解、消除陌生感。
（2）学员人数：15～40人。
（3）培训时间：25分钟。

二、项目任务
所有学员成两列横队站立。第一阶段是，队内进行两两PK，输的站在赢的后面，双手搭其肩表示臣服，接着两个人的队伍与两个人的队伍首领PK，同样是输的站在赢的一方身后，双手搭其肩，接着是四个人的队伍与四个人的队伍首领进行PK，规则同上，直到每一个队伍都有一个头领出来。第二阶段，两个准大王把自己的队伍带到战场，一字排开，各自对应进行最后PK，在PK过程中同一个队伍的手势必须一致，出现不一致的情况算输，三局两胜，决出最后的胜负，最后的所有成员围成一圈，接受大王巡视，大王宠爱的成员表演节目，直至大王满意换下一个。

三、规则要求
（1）第一阶段进行PK的对手必须级别相同，如一个人对一个人，两个人对两个人，四个人对四个人，以此类推。
（2）培训师口令下达后，大声喊，3，2，1。所有的学员整齐划一做动作。
（3）为了活跃气氛，PK的方式可以是"布包锤"的方式，还可以边唱边PK。
（4）第二阶段，在最后鏖战环节，方案一次性商定，中间没有间歇，一气呵成。
（5）每支队伍内部的手势必须一致，一个出错这一盘就算输，没有出错按照布包锤的规则评判输赢。

四、分享与回顾
（1）当你为自己PK的时候，你的想法是什么样的？
（2）当你代表你的团队进行PK的时候，你的心理有什么变化？
（3）当你站在别人身后去参加PK的时候，你的心理有什么变化？
（4）你迅速理解新规则和准确执行新规则了吗？
（5）在游戏中你的态度积极还是无所谓？
（6）在最后的PK中你明白了什么道理？得到什么启示？

任务四　认识自己

一、项目概述

（1）项目类型：团队与合作。

（2）学员人数：10 ~ 15 人。

（3）总培训时间：45 分钟。

（4）项目布置时间：5 分钟。

（5）项目进行时间：30 分钟。

二、项目任务

　　所有学员围成圆，每个人扮演的角色都是自己左手边的同伴，你作为你的同伴介绍自己。可以说特点，说过去，说现在，说未来，说优点和不足，目标是加深理解，完善性格和改变行为。

三、规则要求

（1）参与者围坐一圈，按照顺时针方向开始介绍，依次进行。

（2）介绍的内容尽量符合介绍对象特点

（3）对待同伴对自己的剖析，被介绍者要本着有则改之，无则加勉的原则，不能计较。

四、分享与回顾

（1）大家一起讨论谁的介绍最有建设性？

（2）学会虚心接受，勇于面对自己的不足。

（3）课下每个人对介绍自己的人"送一条小鱼"，说一句感谢的话。

任务五 找回自己

一、项目性质
个人挑战及团队协作项目。

二、项目任务
场地可以在室内，也可以在室外，每个学员一个气球，自己吹起，写上自己名字，所有的学员把气球放到一起，教练把球混在一起，然后要求每个学员用最快的时间拿到写有自己名字的气球。

三、项目规则
1. 气球颜色和充气的程度基本一致。
2. 写名字笔的颜色和字体大小基本一致。

四、项目注意事项
气球充气不要过足，以免爆炸，造成伤害或影响活动效果。

五、项目回顾要点及问题设计
（1）合理计划，有效组织，统一行动。
（2）资源的配置。
（3）合理分工的重要性。
（4）团队的科学决策方法。
（5）严谨细致的工作作风。

六、就学员谈到话题进行展开
（1）是否有制订可操作的目标？
（2）我们的计划及组织效果如何？
（3）我们是否评估现在的资源？
（4）我们是否预料到一些可能会出现的问题？
（5）我们用什么方法来衡量整个任务的执行过程？
（6）我们工作的效果如何？

任务六　解手链

一、项目任务

首先大家围成一个圆圈，两手胸前交叉，右手在外，分别抓住临近队友的手，想办法如何把我们的现在的手臂交叉形成的圆变成一个手臂没有交叉重叠完全伸展手拉手的圆（见图12-1）。

图12-1　解手链

二、项目规则

（1）一只手对应一只手。

（2）双手分别抓住相邻队友的手。

（3）活动过程中，双手不允许打开。

三、升级任务

（一）项目概述

伸出一只手去抓对面队友的一只手，伸出另一只手抓住对面另一个队友的一只手，都抓好后所有的人都不允许松手或者换手，我们的任务是通过大家跨、跃、钻、绕等，将大家纵横交错的双手打开，围成一个圆圈（见图12-3）。

（二）项目规则

（1）一只手对应一只手。

（2）不能抓相邻人的手。

（3）尽量去抓对面人的手，尽量双手在同一水平面上，不要在队友身后去抓手也不要主动交叉。

图 12-2　解手链 2

图 12-3　解手链 3

四、项目监控

尽量寻找相对平整干净的场地，提醒队员在做动作的时候要慢，要轻，动作幅度要小，注意身边的队友相互帮助和保护。

五、问题

（1）开始的时候怎么样？是不是思绪混乱，不知从何下手？

（2）小组沟通是否有冲突，后面是怎么解决的？

（3）最后问题得到了解决，你认为小组获得成功的关键原因是什么？

六、项目分享

（1）看似复杂的事情。只要你有耐心，敢于尝试，其实它是如此的简单。知易行难；

（2）不要轻易尝试放弃，也不要轻易放弃尝试；

（3）团队协作和配合需要每一名队员的努力，做事要沉着、冷静，沟通要彻底到位；

（4）细节是魔鬼，它可以让你成功，也可以让你失败。

任务七　进化论

一、项目概述

（1）活动性质：这是一个能活跃气氛、消除陌生情绪的游戏。

（2）活动任务：所有生物从低级，逐级向上进化，直到绝大部分都进化为最高级生物，其他每个级别有一个生物，游戏结束

（3）组织方法：将所有人集中在一片宽敞的场地上，清除一些可能危害安全的障碍物。培训师告诉大家行动的范围，以事先画好的一个大圆圈为界。

二、活动规则

（1）在游戏开始时，所有人都属于生命的最低等级——鸡蛋，而后学员之间两两进行"石头剪刀布"的猜拳游戏，哪一方赢了可以进化，从鸡蛋进化为人（见图12-4）。

图12-4　进化论

（2）而输的一方，必须退化，由于鸡蛋是最低等级，所以这一级的人输了不必退化，但其余级别的都返回第一级。

（3）进化规则为鸡蛋进化成小鸡，小鸡进化为猩猩，猩猩进化为人，一旦进化到人，算做胜出，可以走出圈子，作为观众看其他学员竞争。

（4）进行猜拳游戏过程中，在寻找猜拳对象的时候，每个人必须根据自己的进化等级作出相应的动作来配合，如鸡蛋若是一个略为圆形的物体，那么学员必须蹲下抱头，不断蛙跳移动；小鸡要拍着翅膀走，猩猩必须不停用双臂拍打胸口移动，人可以抱着肩膀做旁观者（见图12-5）。

图 12-5　营造大团队氛围

（5）最后肯定有学员不能完成进化到哺乳动物的阶段，可以通过其余学员的决议让其表演一些节目，既作为"惩罚"，又可活跃气氛。

三、项目回顾

（1）主动和陌生人相互沟通有什么样的障碍？如果已经有了沟通的方式，会不会变得较为容易？

（2）在有些激烈以及混乱的环境中，你有没有记住几个新朋友的面孔？即便不知道姓名，但游戏结束后，至少有了进一步沟通的基础。

（3）不断变化对象对沟通有利，还是以少范围的人为对象对沟通更有利？为什么？

四、总结

（1）这个游戏其实主要是用来活跃气氛，消除初期见面的隔阂。

（2）游戏中培训师应该鼓励大家尽可能地与更多的人猜拳，这样有利于大团队氛围的形成。

（3）培训师注意提醒各个进化阶段的学员一定要辅以动作表现，主要是为了使学员放开自己，那么在和其他学员沟通时，会显得更加自然顺畅。

（4）培训师对最后没有进化成功的学员不要过分为难，如果其余学员提出的要求不过分，可以适当进行修正。但注意需要引导式修正，不能生硬地拒绝其余学员的意见，这样可能会把刚刚调动起来的气氛给破坏掉。

五、应用

（1）消除隔阂的方式。

（2）提升积极的氛围。

任务八　松鼠和大树

一、项目概述

（1）项目类型：活跃气氛，消除陌生感。

（2）学员人数：20 ～ 30 人。

（3）总培训时间：45 分钟。

（4）项目布置时间：5 分钟。

（5）项目进行时间：30 分钟。

二、规则要求：

（1）只允许两棵"大树"和一只"松鼠"搭配。

（2）更换位置时不能和相邻的小组进行换位。

（3）最后没有结成两棵"大树"和一只"松鼠"的组合接受惩罚。

（4）注意事项：跑动时注意安全。

三、操作程序

（1）事先分组，三人一组。两人扮大树，面向对方，伸出双手搭成一个小屋；一人扮松鼠，并蹲在小屋中间；没成对的学员或者培训师担任一个特殊的角色——魔鬼（见图 12-5）。

图 12-6　松鼠和大树

（2）培训师可以对大家进行发号施令，魔鬼的口令有三个：

第一个口令：培训师喊"松鼠"，大树不动，扮演"松鼠"的人就必须离开原来的大树，重新选择其他的大树；魔鬼就扮演松鼠并插到大树当中，落单的人出列关到一边，不得参与游戏。

第二个口令：培训师喊"大树"，松鼠不动，扮演"大树"的人就必须离开原先的同伴重新组合成大树，并圈住松鼠，魔鬼同时快速扮演大树，落单的人出列关到一边，不得参与游戏。

第三个口令：培训师喊"地震"，扮演大树和松鼠的人全部打散并重新组合，扮演大树的人可以做松鼠，松鼠也可以做大树，魔鬼也快速插入队伍当中，落单的人出列关到一边，不得参与游戏。

（3）被关人数超过1/3时，游戏结束。

四、项目回顾

（1）主动和陌生人相互沟通有什么样的障碍？如果已经有了近距离或零距离接触，沟通会不会变得容易些？

（2）在有些激烈以及混乱的环境中，你有没有记住几个新朋友的面孔？即便不知道姓名，但游戏结束后，至少有了进一步沟通的基础。

（3）不断变化对象对沟通有利，还是以少范围的人为对象对沟通更有利？为什么？

（4）活动中有没有体验到，事先准备的作用？

五、总结

（1）这个游戏其实主要是用来活跃气氛，消除初期见面的隔阂。

（2）游戏中培训师应该鼓励大家尽可能的不到临近的树洞，这样有利于大团队氛围的形成。

（3）培训师注意提醒学员进洞前一定要微笑和打招呼，主要是为了使学员放开自己，消除陌生感，活动会显得更加自然顺畅。

六、应用

（1）消除隔阂的方式。

（2）提升积极的氛围。

任务九 十全十美

一、项目概述

（1）学员人数：15 ~ 100人。

（2）总培训时间：30分钟。

（3）事前准备：扑克牌与参与人员数量同，10以内且是两两相加为10的组合牌，大于10的牌是双数。

二、规则要求

（1）每人随机抽取一张牌后，找到与自己的扑克牌相加得10的同伴。

（2）拿到数字大于10的牌的学员找到与自己的牌数字相同的同伴。

（3）请两两向后介绍，并找出五项共同点。

（4）每找到一个相同点后，两个人大声报数，并击掌庆贺，如一项报1，两项报2，当找到五项的时候跳起欢乐的舞步。

（5）当场上有三分之二的学员都跳起欢乐的舞步时，游戏暂停。

（6）请每位学员找到与自己手里的牌数字和颜色都相同的同伴。

（7）请两两向后介绍，并找出五项不同点。

每找到一个不同点后，两个人大声报数，并击掌庆贺，如一项报1，两项报2，当找到五项的时候跳起欢乐的舞步。

（8）当场上有三分之二的学员都跳起欢乐的舞步时，游戏暂停。

三、活动布控

（1）为了增加挑战性，在找相同点和不同点的时候，事先已经知道的不算，如我们是同班同学。

（2）明显看得出来的也不算，如我们都戴着眼镜，我们都是男生等。

四、活动分享

（1）找相同点和不同点，那个比较容易？你喜欢哪个？

（2）为什么有的人很容易找到，有的人却很难？

（3）每次找到新同伴，你感觉如何，你通常是主动还是被动认识对方？

（4）为什么生活中人以相同而联结，因不同而相互吸引？

任务十　我们的歌（你我的歌）

一、项目概述

（1）使用场合：可用于晚会，也可在破冰分组中使用。

（2）时间：15 分钟左右。

（3）材料：写上歌名的纸条若干（数量按人数定，可以多准备用来备用）。

二、游戏布置

（1）在纸条上写下大家熟悉的短歌歌词。首数根据需要分的组数（如 50 人，分三组，可选 3 首歌，每首歌选 18 句）。

（2）组员围成圆圈，告诉大家我们玩一个热身游戏，发给每人一张歌词。

（3）教练说开始后，各人大声唱自己的歌，并寻找同一首歌的人，手拉手站到一起。

（4）规则是必须一边唱一边找人，不可说出歌名。

（5）最早结成队伍的组获胜，最后完成的队伍，需要给我们来一段开心快乐的表演。

三、注意事项

歌曲的选择要传唱度高，如朋友、兄弟、爱情等经典又有笑点的歌曲，当然儿歌有时候效果也很好，根据歌词的选择还可以一面做动作一面唱歌寻找队友，将会更活泼生动。

任务十一 串名字游戏

一、项目概述

（1）学员人数：10 ~ 15 人。

（2）项目类型：考察记忆力，活跃气氛。

二、项目任务

小组成员围成一圈，任意提名一位学员，自我介绍单位、姓名。第二名学员轮流介绍，但是要说：我是 ××× 后面的 ×××。第三名学员说：我是 ××× 后面的 ××× 的后面的 ×××，依次下去，最后介绍的一名学员要将前面所有学员的名字、单位复述一遍。

三、分享分析

本项目要求学员尽快记住本队所有队员的名字，活跃气氛，打破僵局，加速学员之间的了解。

项目十三　热身类拓展活动

·((※))·

任务一　教练说

一、项目概述

（1）项目类型：活跃气氛，提升学生注意力和反应能力。

（2）学员人数：15 ～ 40 人。

（3）培训时间：25 分钟。

二、项目任务

培训师在所有下达的口令中，要求学员只做教练说的口令动作，教练没说的口令学员都不做，做了算失误，被淘汰出局，接受培训师奖励的益智健身大礼包。

三、规则要求

（1）做错动作的人，自己找一个 ABB 式的词语。

（2）口里念着"我是北京大茶壶，我的 ×× （身体某个部位）" ABB，边说边舞。

四、分享分析

本项目要求学员注意力集中到当前任务中来，活跃团队气氛。

任务二　菜鸟集中营

一、项目概述

（1）项目类型：提升学生注意力和反应能力。

（2）学员人数：15 ～ 40 人。

（3）培训时间：25 分钟。

二、项目任务

第一阶段，培训师在下达原地转法的口令中，要求学员按照口令做动作。第二阶段，培训师要求学员按照培训师的口令做相反的动作，失误的接受培训师奖励的益智健身大礼包。

三、规则要求

（1）做错动作的人，做 10 个俯卧撑。

（2）口里念着"我来自菜鸟集中营，我要笨鸟先飞"。

四、分享分析

本项目要求学员熟悉口令，注意力集中到当前任务中，启发学员做事情一是要用心，二是业务熟练。

任务三　你抓我逃

一、项目概述

（1）项目类型：活跃气氛，加深理解，消除陌生感。

（2）学员人数：15 ～ 40 人。

（3）培训时间：25 分钟。

二、项目任务

把学员分成两队，人数均等，分别为奇数队和偶数队，两两相对站立，距离 1.5 米。当培训师喊的口令是奇数的时候，奇数队反身跑，偶数队在后面追，到 30 米端线后，一轮活动停止。

三、规则要求

（1）无论是前面跑的学员，还是后面追的学员，获胜一方都要把另一方背回。

（2）跑动中注意安全，不允许推人。

（3）被追上的学员把追者背回起点。

四、游戏升级

培训师可以把口令复杂化，如两个数相加、两个数相减或两个数乘除等。还可以把抓和逃的动作变化为抓拇指等。

五、活动分享

（1）本活动重在培养学员注意力和反应灵敏度。

（2）在活动中，大家可以发现自己的心理品质特点，更好地了解自己。

（3）相信每个人的智能多元，你有这方面的不足，一定有另一方面的长处，既要发现不足，弥补不足，又要善于发现自己的优点，扬长避短。

任务四　春天百花开

一、项目概述

（1）项目类型：热身、消除陌生感。

（2）学员人数：15 ～ 40 人。

（3）培训时间：25 分钟。

二、项目任务

所有学员围成圆圈，慢跑，听培训师口令，互动。培训师说春天里百花开，学员说开什么花，培训师说具体的花色，学员问开几朵，培训师说开几朵花的时候，按照培训师说出的数字抱成团。

三、规则要求

每次培训师口令下达后，大声喊 3、2、1。如果喊 1 结束后还没有按照数字成团的学员，算失误，接受惩罚。

四、活动分析

（1）这个热身项目注重教练和学员之间的互动、学员之间的接触，消除"人际坚冰"，为后面的拓展培训任务的完成奠定基础。

（2）在活动中可以提高学员参与的注意力和反应的灵敏度。

任务五 花开花落

一、项目概述

（1）项目类型：热身，加深理解，消除陌生感。

（2）学员人数：15 ~ 40 人。

（3）培训时间：25 分钟。

二、项目任务

所有学员围成圆，搭肩，听培训师口令。培训师说花开的时候，所有成员都一起向后下腰；如果培训师说花落，就一起做低头俯身动作。如此反复进行若干次。

三、规则要求

每次培训师口令下达后，大声喊 3、2、1。所有学员整齐做动作。

四、活动分析

这个热身项目注重学员之间的信任和协同一致，为后面的拓展培训任务导入做铺垫。

任务六　价值符号

一、项目概述

（1）项目类型：活跃气氛，加深理解，消除陌生感。

（2）学员人数：15～40人。

（3）培训时间：25分钟。

二、项目任务

所有的学员围成圆圈，慢跑，听培训师口令，互动。培训师可以因人而异改变互动方式，如事先给每位学员赋予价值，一般是男生赋值小于女生，可以男生五毛、女生一元。培训师说，小华去买菜。学员问，买什么菜？培训师说豆腐。学员问，多少钱？培训师说出具体数字，学员按照这个数字抱团。

三、规则要求

每次培训师口令下达后，大声喊3、2、1。如果1结束后还没有按照数字成团的学员，算失误，接受惩罚。

四、活动分析

（1）这个热身项目注重教练和学员之间的互动，学员之间的接触，消除"人际坚冰"，为后面的拓展培训任务的完成奠定基础。

（2）在活动中可以提高学员参与的注意力和反应的灵敏度。

任务七 橡皮糖

一、项目概述

（1）项目类型：活跃气氛，加深理解，消除陌生感。

（2）学员人数：15 ～ 40 人。

（3）培训时间：25 分钟。

二、项目任务

所有的学员围成圆圈，慢跑，听培训师口令，互动，培训师说橡皮糖黏黏，学员说黏什么？培训师说黏两个人的耳垂，学员就两个人一起耳垂接触，如果培训师说黏三个人的鼻尖，三个人就鼻尖接触，以此类推。

三、规则要求

每次培训师口令下达后，大声喊 3、2、1。如果 1 结束后还没有按照口令做动作的同学，算失误，接受惩罚。

四、活动分析

（1）这个热身项目同属喊数抱团类项目，如此操作，改变抱团的方式，注重教练和学员之间的互动、学员之间的接触，消除"人际坚冰"，为后面的拓展培训任务的完成奠定基础。

（2）在活动中可以提高学员参与的注意力和反应的灵敏度。

项目十四　其他拓展类游戏

·《《❀》》·

任务一　菜园、果园、动物园

一、活动性质

这是一个能活跃气氛、消除陌生情绪的游戏。

二、活动任务

指定一个人，如果这个人说果园，接下来每个人要说一样水果的名称，不能重复，说错的人要受罚。并且从这个人重新开始，如果起头是动物园或菜园，就必须开始轮流说出动物或蔬菜的名字。

三、组织方法

一圈人围坐在一起，按照顺时针顺序说。

四、活动规则

（1）不能说得太慢。

（2）不能改口。

五、活动分析

（1）这个项目注重学员专注度和注意力的培养。

（2）启发学员事先准备也很重要，事先准备好答案和备选答案是少失误和不失误的有效方法。

任务二 颠三倒四

一、活动性质

练习反应能力，活跃气氛、消除陌生情绪。

二、活动任务

按顺序报数，但是里面的三和四的位置调换，应该报三的时候报四，应该报四的时候报三，十三和十四也是一样；七上八下，应该报七的时候不能发出声音往上跳一下，应该报八的时候也不允许发出声音，往下蹲一下。

三、组织方法

一圈人围坐在一起，按照顺时针顺序说。

四、活动规则

（1）反应要迅速，不能太慢，太慢了算失误。

（2）在谁那里出错了，接受惩罚后从谁那里重新开始。

五、活动分析

（1）这个项目注重学员专注度和注意力的培养。

（2）启发学员熟悉口令和动作的配合也很重要，这在工作和生活中就是熟悉工作任务带来生产效率的提高。

任务三 报数闯关

一、活动性质

练习反应能力，活跃气氛、消除陌生情绪。

二、活动任务

按顺序报数，报到 5 的时候手抚胸口，七上八下，应该报 7 的时候不能发出声音往上跳一下，应该报 8 的时候也不允许发出声音，往下蹲一下。往后计数，15 同 5，17 同 7，18 同 8 依次进行。

三、组织方法

所有人围成一圈站立，按照顺时针顺序说。

四、活动规则

（1）反应要迅速，不能太慢，太慢了算失误。

（2）在谁那里出错了，接受惩罚后从谁那里重新开始。

五、活动升级

如果参与学员很快达到预定目标或是报数进入一个循环，就让报 5、7、8 的倍数的人员做与报 5、7、8 相同的动作。

六、活动分析

（1）这个项目注重学员专注度和注意力的培养。

（2）启发学员熟悉口令和动作的配合也很重要，这在工作和生活中就是熟悉工作任务带来生产效率的提高。

任务四　星际之圈

一、项目类型

培养团队合作与互助、支持及协调的精神。

（1）学员人数：20 ～ 30 人。

（2）总培训时间：45 分钟。项目布置时间：15 分钟。项目进行时间：30 分钟。

二、操作程序

（1）所有成员手牵手围成一个圆圈，并由其中的两位伙伴一起握住呼啦圈。

（2）全体（包括手握呼啦圈者）都要通过呼啦圈到另一边。

（3）游戏过程中不可松手，也不可以碰到呼啦圈，否则重新进行。

（4）每次执行前，请小组先设定完成时间，可执行 3 ～ 5 次。如图 14-1 所示。

三、活动分享

（1）这个项目注重学员之间的协调配合、团队精神的培养。

（2）启发学员分析个人的成功和团队成功的关系，团队的效率离不开每个人的努力。

（3）思考在团队项目中自己是否做好。

图 14-1　星际之圈

任务五　交通堵塞

一、项目性质

团队协作项目。

二、项目任务

（1）将比参加人数多一个的塑胶地垫呈一字形在地上铺开，让学员全部站在地垫上，留中间一个地垫不站人。

（2）学员分成两边相对而站，通过中间的空地垫进行移动。

（3）移动的方式是只能前进一格或跳一格，不能后退。

（4）完成两边人的互换，并且大家维持同一个方向。

三、项目布控

（1）把整个团队分成人数相等的两组（如总人数为奇数，让一个人做助手）。

（2）两组队员分别从这排地垫的左右两边站起，每人站在一个地垫上，两组相对而立。最后中间要剩下一个空地垫。

（3）两组将分别从这排地垫的这一边走到另一边。

图 14-2　交通堵塞

四、规则要求

（1）所有队员不允许转身（可以向后看，但身体必须朝着游戏开始时的方向）。

（2）不允许一次穿越两个对手到达前面的地垫上。如图 14-3 所示，地垫1、2、3上的人都不能动。

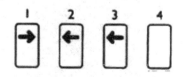

图 14-3　移动规则示意图

（3）可以移到自己面前的空格上，如图14-4所示，方格1上的人或者方格3上的人都可以移到方格2上。

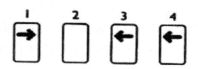

图 14-4　移动规则示意图

（4）可以超过对手移到他们前面的方格上，但是不能后退。如图14-5所示，方格4的人可以超过方格3而移动到方格2上，而方格1的人不能后退到方格2上。

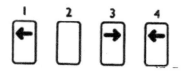

图 14-5　移动规则示意图

（5）不能超过和你面向相同方向的人（比如你只要能看到他们的后脑勺，不能超越他们）。

（6）学员只能前进不能后退，如果有人发现自己到了无路可走的地步，所有队员必须回到起始位置，重新开始游戏。

（7）当有人知道答案时，我们要让每个人都知道答案。

五、回顾分享

（1）你们在游戏中遇到了什么问题？如何对问题进行拆分的？每个人都做了什么？

（2）整个团队运作有效吗？解决问题了吗？

（3）怎样才能做得更好？

（4）方法是如何产生的，每位学员是否都清楚团队解决问题的方法，谁最清楚，是队长吗？如果不是怎么办？可以引申到授权问题。

（5）怎样提高团队的绩效，在获得方法后，是怎样协调统一的？

（6）具体到生活实际，我们是否为其他来车考虑，我们在堵车时会不会很烦躁，联系自身开车或坐车时的感受谈一谈。

（7）在我们焦急时，能否依然保持理智？

六、项目总结

（1）世上本无路，走的人多了也就成了路。同样，在本游戏的一开始相信绝大多数人不知道怎样是最快的，动脑筋想办法是一种策略，边干边想边摸索也是一种策略，但应注意的是，要在实践的过程中不断总结，才能进步，调整队式，正式出发。

（2）团队的重要性在本游戏中的作用也是一览无余；虽然个人的聪明才智至关重要，但是若没有团队间的合作，本游戏也是无法完成的；在试验中产生专家型领导，可以指挥大家一同完成任务。所以，要求大家首先要扮演好团队角色，合作，再合作。

（3）参考方法：在第一队的一个队员跨出一步后，第二队应有两人连续往前走（前一位跨步走，后一位向前一步即可），接着第一队有三人连续走动（前两位跨步走，后一位向前一步即可），第二队有四人连续走动（前三位跨步走，后一位向前一步即可），第一队有五人连续走动（前四位跨步走，后一位向前一步即可），第二队有四人走，这样走下去即可。

任务六　共展宏图

一、项目性质

个人挑战项目。

二、项目任务

用眼罩将眼睛蒙上，然后分发纸和笔，每人一份。要求蒙着眼睛将指定的东西画在纸上。完成后，让学员摘下眼罩欣赏自己的大作。

变化：教员用语言描述某一样东西，让学员蒙着眼睛画下他们所听到的，然后去掉眼罩，看有什么感想。

三、活动分享

（1）这个项目注重学员之间的协调配合，团队精神的培养。

（2）启发学员分析个人的成功和团队成功的关系，团队的效率离不开每个人的努力。

（3）思考在团队项目中自己是否做好就够了。

任务七　水果蹲

一、项目类型

考查观察力和反应力，活跃气氛。

二、项目介绍

所有冠名不同水果的成员围成圆圈站立，由指定的一个水果队员开始边说边蹲，最后一句结束说的是哪个水果蹲，哪个水果马上接着边说自己的水果名边蹲，依次进行。

三、规则要求

（1）队员佩戴水果胸卡，边喊边做。

（2）喊到自己代表的水果没有蹲的学员就淘汰出局。

（3）喊到现场没有的水果的队员也要淘汰出局。

四、游戏升级

（1）去除水果胸卡做游戏。

（2）增加水果品种，可以一个人冠两个水果名。

（3）可以把所有人分成两队，进行团队比赛。

五、同类项目创新

将水果换成各种常见的小动物继续玩游戏。也可以根据学员的兴趣，自由选择动物和人物进行游戏。

六、活动分享

（1）这个项目注重对学员注意力、团队精神的培养。

（2）启发学员分析个人的成功和团队成功的关系，团队的效率离不开每个人的努力。

任务八　坐地起身

一、项目概述

（1）项目名称：坐地起身。

（2）项目类型：团队合作型。

（3）道具要求：空旷的场地一块，无须其他道具场地要求。

（4）项目时间：20 ～ 30分钟。

（5）活动目的：这个任务体现的是团队队员之间的配合，该项目主要让大家明白合作的重要性。在此过程中，工作人员要引导队员坚持，坚持，再坚持，因为成功往往就是在坚持中实现的。

二、项目任务

若干人背对背坐在地上，听统一口令迅速成站立姿势。如图14-6所示。

三、项目规则

（1）要求四个人一组，围成一圈，背对背坐在地上。

（2）不用手撑地站起来。

（3）随后依次增加人数，每次增加2—10人。

四、活动分享

（1）这个项目注重学员之间的协调配合、团队精神的培养。

（2）启发学员分析完成任务的方法。

（3）启发学员谈这个活动对自我学习、工作和生活的启示。

图14-6　坐地起身

任务九　卓越圈

一、项目类型

团队项目。

二、项目介绍

每个队的所有队员都要通过一个绳圈，用时最短的队胜利。胜利的队伍接受失败队伍的祝贺，失败队员由队长带领接受惩罚。如图 14-7 所示。

三、培训目标

（1）体现团队成员之间的相互合作精神。

（2）强调标准的遵守对于提升执行力的重要作用。

（3）提升团队当中领导者的管理水平以及及时处理问题的能力。

（4）加强团队成员的责任感，让学员明白现实竞争的残酷性，感受成功的喜悦。

四、活动分享

（1）这个项目注重学员之间的协调配合，团队精神的培养。

（2）启发学员分析完成任务的方法。

（3）启发学员谈这个活动对自我学习、工作和生活的启示。

图 14-7　卓越圈

卓越圈 视频二维码

任务十 信任坐

一、项目类型

团队项目。

二、项目介绍

（1）男女隔开面向圆心围成一个圆圈。

（2）同时向左转，依次向右跨步，直到前后的人紧密贴在一起；每个人隔一个人抱住前一个人的腰。

（3）所有队员同时坐在后一个人的双腿上，完成"同心圆"，大家伸出双手庆祝。如图14-8所示。

三、培训目标

在团队中看似非常简单的任务，但不通过团队中所有人的努力，不通过所有人的合作和配合是完不成的。只有所有人都步调一致、充分信任同伴，才可完成。

图14-8 信任坐

任务十一　旗语战士

一、项目类型

团队项目。

二、项目介绍

在一次出海的时候，一只船遇见风暴沉没了，有一部分人遇难，另一部分人被冲到一个小岛上。一天，岛上的人发现一艘营救船只，但因为距离远，呼救是听不到的，又没有火柴生火，唯一可以用的就是一面旗子。岛上的人只能利用旗语将信息传递给营救队员，营救队员要在有限的时间内破译出信息。如图 14-9 所示。

三、项目规则

（1）计划—创造—套旗语。

（2）一组为发信息者，一组为接收信息者。

（3）严禁大声喧哗。

（4）全部正确才算成功。

四、项目分享

（1）培养团队成员之间主动沟通的意识、增强对有效沟通的体会。

（2）培养团队成员之间的默契、增强团队凝聚力。

（3）在信息不对称的情况下，感受换位思考的重要。

图 14-9　旗语战士

任务十二 大展宏图

一、项目性质

团队协作。

二、项目主题

心灵的呼唤——携手同心，共创辉煌！

三、活动任务

运用道具，如画笔、彩布、彩带、剪刀、塑料瓶、纸盒、纸杯、A4 纸、球、水桶、胶水等，在限定时间内完成团队手工创意作品，展示、畅想。如图 14-10 所示。

四、操作步骤

（1）使学员彼此用语言沟通，启发想象力。

（2）培养计划、组织、指挥的领导能力。

（3）团队同心协力创造成功；团队合作与思考；体会个人在团队中的重要性；通过展望未来，反映学员对未来充满信心，充分表达出一种坚强的事业心；每个人将用自己的双手托起辉煌的明天，用自己的双脚奔向事业的高峰，表达出一种强烈的责任感。

五、分享与回顾

这是一个看似简单实则不易的活动。它需要队员们的相互信任，默契配合，并进行良好的沟通，还需要有充分的想象力与创造力。最后的作品还可作为学员在当天留下的特殊印象，对学员及企业都有非比寻常的意义。卓越的领导能力和高绩效的管理团队不是天生的，都是造就出来的。团队整体的绩效表现，离不开成员个人能力的不断成长，同时更离不开成员之间的相互信任、沟通，领导管理与协调。

图 14-10 大展宏图（百度图片）

任务十三　狗仔队

一、游戏规则

（1）将所有人进行分组，每组两人。

（2）培训师提问：在小组里谁愿意作为 A？

（3）剩下的人为 B。

（4）培训师说：选 A 的人代表八卦杂志的记者，俗称"狗仔队"，代表 B 的是被采访的明星，A 可以问 B 任何问题，B 必须说真话，可以不回答，时间三分钟，不可以用笔记。

（5）三分钟后角色互换。

二、讨论分享

（1）该游戏可用于沟通游戏当中，主要目的是与陌生人进行交往的一些知识。例如，我们将谈话的内容分为几个层次，第一层的谈话是对客观环境的交谈，如谈天气、谈股市，因此比较容易交谈。第二层就是谈话者自身的一些话题，如交谈社会角色的话题，你的家庭状况如何、你是哪里人等问题。第三层就更深一层，会涉及个人隐私等比较敏感的话题，如对性、金钱的态度、对个人能力的判断等。最后一层则是个人内心的真实世界，如道德观、价值观等。不同层次的话题适合不同的场合和谈话对象，层次越高，双方的沟通和相互信任越能体现出来。

（2）对于直接面向客户的销售人员来说，沟通能力很重要，就是要懂得循序渐进地将顾客心理的保护屏障一层层剥掉，从而使顾客达到内心的信任，促使销售成功。

（3）此游戏还可以进行改编，即将原先的分组重新组合，每 6 人一个组，原来的搭档必须仍在同一组，可由 A 扮演 B 的角色，以 B 的身份说出刚刚所掌握的 B 的情况，并告诉其他队员；做完之后互换角色，达到小组成员能够迅速认识同伴并建立关系。

任务十四　按号排序

一、活动目的

让学员体会沟通的方法有很多，当环境及条件受到限制时，怎样去改变自己，用什么方法来解决问题。

（1）人数：14 ~ 16个人为一组比较合适。

（2）类型：问题解决方法及沟通。

（3）时间：30分钟。

（4）材料及场地：摄像机、眼罩及小贴纸和空地。

（5）适用对象：参加团队建设训练的全体人员。

二、操作程序

（1）让每位学员戴上眼罩。

（2）给他们每人一个号，但这个号只有本人知道。

（3）让小组根据每人的号数，按从小到大的顺序排列成一条直线。

（4）全过程不能说话，只要有人说话或摘下眼罩，游戏结束。

（5）全过程录像，并在点评之前放给学员看。

三、活动创新

摘掉眼罩，给学员纸质卡片，上面写着号数，卡片可以放在头顶也可以放在背后，学员自己看不见自己的号数，而能看到别人的号数，这种情况下不能说话，完成按号排序。

四、讨论分享

（1）你用什么方法来通知小组成员你的位置和号数的？

（2）沟通中都遇到了什么问题，你是怎么解决这些问题的？

（3）你觉得还有什么更好的方法？

任务十五　知己知彼

一、项目概述

（1）人数：11～16个人为一组比较合适。

（2）材料与场地：有规律的一套玩具、眼罩。

（3）适用对象：所有人员。

（4）时间：30分钟。

（5）活动目的：让学员们探索完成任务的方法，学员之间面对任务时所表现出来的态度和行为，如何通过沟通达成共识，并通过协作共同解决问题。

二、操作程序

（1）培训师用袋子装着有规律的一套玩具、眼罩，而后宣布游戏规则：

"我有一套物品，我抽出了一个，然后给你们一人一个，现在你们通过沟通猜出我拿走的物品的颜色和形状。全过程每人只能问一个问题：'这是什么颜色？'我就会告诉你手里拿着的物品是什么颜色。但如果同时很多人问，我就不会回答。全过程只能摸自己的物品，而不得摸其他人的物品。"

（2）培训师让每位学员都戴上眼罩。

三、讨论分享

（1）你的感觉如何，开始时你是不是认为这完全没有可能，后来又怎样呢？

（2）你认为在解决这一问题的过程中，最大的障碍是什么？

（3）你对活动过程中大家的沟通表现如何评价？

（4）你认为还有什么改善的方法？

任务十六 有效的沟通

一、项目概述

（1）人数：8人一组为最佳。

（2）时间：30分钟。

（3）材料：眼罩4个，20米长的绳子一条。

（4）适用对象：全体参加团队建设及领导力训练的学员。

（5）活动目的：让学员体会及学习作为一位主管，在分派任务时通常犯的错误以及改善的方法。

二、操作程序

（1）培训师选出一位总经理、一位总经理秘书、一位部门经理、一位部门经理秘书共四位操作人员。

（2）培训师把总经理及总经理秘书带到一个看不见的角落，然后向他说明游戏规则。

（3）总经理要让秘书给部门经理传达一项任务，该任务就是由操作人员在戴着眼罩的情况下，把一条20米长的绳子做成一个正方形，绳子要用尽。

（4）全过程不得直接指挥，一定是通过秘书将指令传给部门经理，由部门经理指挥操作人员完成任务。

三、规则要求

（1）部门经理有不明白的地方也可以通过自己的秘书请示总经理。

（2）部门经理在指挥的过程中要与操作人员保持5米以上的距离。

四、讨论分享

（1）作为操作人员，你会怎样评价你的这位主管经理？如果是你，你会怎样来分派任务？

（2）作为部门经理，你对总经理的看法如何？对操作人员在执行过程中的看法如何？

（3）作为总经理，你对这项任务执行过程的感觉如何？你认为哪方面是可以改善的？

任务十七　谁最先走

一、角色分配

（1）孕妇：怀胎八月。

（2）发明家：正在研究新能源（可再生、无污染）汽车。

（3）医学家：经年研究艾滋病的治疗方案，已取得突破性进展。

（4）宇航员：即将远征火星，寻找适合人类居住的新星球。

（5）生态学家：负责热带雨林抢救工作。

（6）流浪汉：潜在优势待发掘。

二、游戏背景

一架飞机坠落在荒岛上，只有6人存活。这时逃生工具只有一个只能容纳一人的橡皮气球吊篮，没有水和食物。

三、游戏方法

针对由谁乘坐气球先行离岛的问题，各自陈诉理由，要求。先复述前一人的理由，再申述自己的理由。最后，由大家根据复述别人逃生理由的完整与陈述自身理由充分的情况，举手表决可先行离岛的人。

四、讨论分享

游戏说明的道理（可以请学员一起谈看法）：

（1）认真聆听别人的话，记住别人的想法，这样别人才会相信你，才会让你去求救。由此可见，聆听非常重要。

（2）根据学员的表现评价：哪些是好的表达、哪些是坏的表达。

附录：拓展培训案例

·《※》·

案例一 融冰课程

一、破冰十项

①问好；②自我介绍；③破冰时间及内容；④问询；⑤拓展起源与发展；⑥团队建设；⑦团队展示；⑧参训注意事项；⑨作息时间；⑩致谢。

二、详细流程

（一）问好

在热身教室门前集合队伍，带领团队顺序进入教室。向大家问好："晚上好！……我们有一个传统的问候方式，当我向大家问好时，大家要回答一个字'好'就可以了。那么我们再试一遍，好吗？……很好，谢谢大家！"

（二）自我介绍

首先欢迎各位来到我们青山依依、绿水悠悠的拓展基地参加此次拓展训练（游戏：人工降雨）。谢谢大家的热烈掌声，首先做个自我介绍，我叫××，是××公司的培训师。

（三）破冰时间及内容

今天的破冰课程大约持续一个半小时，主要有三方面内容：

（1）介绍拓展起源与发展。

（2）团队建设与展示。

（3）参训注意事项。

（四）问询

（1）有没有参加过拓展训练（体验式培训）的队员，请你们谈谈自身的感受。

（2）听说但没有参加过拓展训练（体验式培训）的队员，请你们谈谈自身的感受（队员相互发表感受）。

（3）从未听说也未参加过拓展训练（体验式培训）的队员，你们认为拓展训练是一种什么培训？

"体验"已成为现在最为时尚的词语，我们为什么需要去体验，体验式学习到底能够给我们带来多少收益呢？这样，先问大家几个问题：有谁会开飞机、有谁会开汽车、有谁会骑自行车？——我们记住外界的信息：20%来自于我们看见和听见的、80%来自于我们说过和做过的。那么通过体验式培训就能获得你想到和没想到的。体验式培训中的每一个活动都是精心设计的，按照你们的需求控制其中的条件，使体验更加有组织、有目的、更为个性化。"体验式培训"是属于你们的，积极参与是"体验"的关键。

体验式培训与其他培训到底存在哪些不同呢？从形式上讲：大多数是让大家在户外利用一些自然条件和人工设施来进行培训。从内容上讲：我们关注的是人的非智力层面的因素，如观念、态度、人格等，而并非知识、技能。从培训的方式和方法上讲：我们采取的是互动式，大家会在培训师的带领下做一些项目，项目结合了许多生活和工作中的情境，培训师只告诉你们任务和规则，活动你们自己做，做完项目后我们围坐下来一起回顾，联系生活和工作，从活动中能得到哪些启发，大家畅谈感受、相互学习，由此完成一次培训活动。这里有一个学习圈理论跟大家一起分享：活动—分享—思考—理论—提升

下面做个游戏"同心杆（齐眉棍）"。

你们来到这里参训，想收获到什么？拓展训练能够为我们的客户带来些什么？

①培养积极心态；　②改善人际关系；　③体验—接触打破心理鸿沟；

④提高团队绩效；　⑤改善团队沟通；　⑥提供团队练习机会。

自 1995 年起拓展训练进入中国，到现在已有 20 多年的光景了。××拓展公司是专业从事拓展训练的培训公司。我们致力于成为中国户外体验式培训行业的排头兵。

根据客户的需求及企业文化的不同，我们会有针对性地设置不同的课程。例如，外展团队体验课程、新人融入、高效团队、企业文化整合等。

我们还会根据环境的不同分别设有场地训练、水上挑战课程、野外生存穿越、定点寻宝等。希望我们多元化的课程体系，带给大家更为快乐的体验、更为深层的思考。

拓展体验课程就像时下联想的广告词："超越，只要你想"。

（五）团队建设

（1）我是谁。

（2）选队长。

（3）起队名。

（4）画队徽。

（5）喊队训。

（6）唱队歌。

（7）队长袖标（可选）。

（六）团队展示

队员展示程序：队长首先做自我介绍，介绍队徽和队标的设计含义；其次组织大家一起展示团队，队长高喊"我们的队名是"，其他队员齐声回答队名；队长高喊"我们的队训是"，其他队员齐声回答队训；队长高喊"我们的队歌是"，其他队员齐声高唱队歌。

（七）参训注意事项

（1）安全（攀爬训练架）。

（2）禁烟、酒（不利于拓展活动）。

（3）环保（不吃口香糖）。

（4）疾病（骨折、脊椎劳损、经常性脱臼、严重的心脏病……）另询问有无恐高症的人；回答：拓展活动的一大特色就是根治恐高症。

（5）服装、鞋。

（6）手机（调到震动）。

（7）为保证大家安全，请队员夜间不要擅自行动离开基地；禁止私自破坏、摘取果实。

（八）作息时间

介绍这次拓展培训的大概流程和时间安排，让队员心中有数

（九）致谢

今天的破冰到此结束，谢谢大家！

注：破冰技巧。

（1）尽量多地记住参训队员的姓名、爱好，在培训过程中加以应用，拉近距离增加好感。

（2）选择对方感兴趣的话题作为例证，激发参训队员的兴趣和认可。

（3）善于称赞，满足对方的成就感，尤其针对那些个性比较强的"意见领袖"，是消除阻力寻求合作的利器！

案例二 企业员工拓展

一、培训目标

（1）团结协作、沟通、凝聚力：只有团结的队伍才能创造伟大的成绩，团结表现在对信念与目标的坚定，团结表现在队伍的行动一致，团结表现在成员之间难舍难弃的情感。相关元素——精英动员、开营仪式、项目过程等。

（2）执行力：任何目标的实现，最终要落到实处，归根结底要靠执行力。尤其是在不理解、不认可状态下，能否全力以赴去做，能否做出优异的成果，是考验团队执行力的关键和核心。相关元素——排排站、项目竞争体验等。

（3）拼搏共赢：只有付出拼搏才能收获成就，拼搏表现在面对困难的勇气和决心，拼搏表现在面对失败的毫不气馁，拼搏表现在接近目标疲惫时候的坚持不懈。相关元素——体验式培训项目的挑战、勇于面对失败后的责任等。

（4）超越自我：超越源于实事求是的自我批评和总结，超越源自团队智慧的汇集与凝聚，超越源自突破思维定式后的广阔空间。相关元素——体验分享、高峰体验、冥想成就等。

二、培训时间人数

（1）参训人数：130人。

（2）参训时间：待定。

三、培训方案

培训方案如表14-1所示

表14-1 培训方案

项 目	项目说明
13：00	到达企业拓展培训基地

（续　表）

项　目	项目说明
13：30—14：30	活动开始：破冰活动精英总动员："训练营"成立 选出队长、旗手，建立小组队名，口号，队歌及队 貌状态（见图14-11）。 项目目的： 1.打破学员之间的隔阂、陌生感。2.激发学员 热情、兴奋度。3.组建团队、营造整体活动的气 氛。4.目标：体验目标达成的过程和差异。5.制 造竞争气氛、激发团队潜能。6.增强团队凝聚力。7.激发参训学员的创造性  **图14-11　精英总动员**
14：30—16：00	项目一：挑战2016 项目内容： 团队合作同时挑战3个项目，在不违反规定的情况以最快完成任务的团队获胜（见图14-12）。 项目目的： 团队的统筹能力；合理的任务安排；消除多头领导；统一的口令和声音  **图14-12　挑战2016**
16：00—17：30	项目二：雷阵 项目介绍:各队在规定时间内穿越一张布有地雷的雷区图，雷区图上面由1~120 的数字，其中每一个数字都有可能是地雷，在穿越的过程中如果触雷则返回重来 （见图14-13）。 项目目的： 1.激发创新能力、突破思维定式,培养创新与风险意识； 2.增强团队合作意识； 3.如何做到共识双赢； 4.理性分析与感性尝试  **图14-13　雷阵**
第二天早上	
08：00—08：30	热身

（续　表）

项　目	项目说明
08：30—10：30	项目三：断桥 项目介绍：在离地面8米高的地方有一座断桥，每个队员都要从桥的一侧，跃到另一侧，再跳回来。 项目目的： 1. 鼓励学员克服恐惧，用于面对困难，认识自我，增强自信，突破心理舒适区； 2. 自我说服与自我激励的能力培养，感受激励他人和获得鼓励增加勇气的重要性； 3. 面对困难时的互助精神，培养团队意识； 4. 认知心态对行动的影响，学会缓解心理压力，用平常心对待严峻的挑战 项目四：跳出真我 项目内容：学员爬上8米高的高台，在直径仅为25 cm的圆盘上站立，然后从圆盘上奋力跳出去抓住横在空中的单杠。 项目目的： 1. 不断突破心理保护层，是成功的关键； 2. 建立自信心，克服心理障碍，增强自我控制能力； 3. 果断的行动，是迈向成功的关键
10：30—12：00	项目五：极限时速 项目介绍：所有学员在不允许说话的情况下按顺序拍完1～30的数字牌，并且不违反相应的规则。团队所在成员走进这个密码区解除密码，密码就是按1,2……28, 29, 30来排列（见图14-14）。 项目目的： 1. 此项目重点解决学员执行力问题，让学员与管理者在贯彻战略意图，完成预定目标过程中感受团队目标、战略决策与实施计划对执行力的影响。 2. 此外让学员了解到，领导者的执行力体现在战略决策与组织管控能力上，员工的执行力体现在指标实现能力上 图14-14　极限时速
12：10	活动结束、返程

案例三　幼儿教师一天拓展活动方案

一、活动目的

通过系列活动，使他们在活动中健身、娱乐休闲，体验成长和成功，并深刻理解敬业奉献精神，提高服务意识和主人翁精神，提高工作效率，培养团队协作意识和能力，提高岗位坚守的意志品质。

二、活动流程

（1）整队、紧急集合，破冰环节，建立拓展秩序（橡皮糖黏黏）。

（2）我们是一朵花，破冰环节，建立集体观念。

（3）分组建立团队，建立小团队、激发竞争意识。

（4）团队展示，初步沟通合作

（5）同心鼓，齐心协力。

（6）履带战车、强化团队协作。

（7）驿站传书，领导能力、沟通能力、协作能力。

（8）生命之旅，建立互相信任、责任感。

（9）体验项目：信任背摔。

（10）感恩分享，分享今日感悟、激发员工感恩心态、激发责任心、消除日常矛盾、提升积极性。

三、具体内容和时间分配

具体内容和时间分配如表14-2所示。

表14-2　具体内容和时间分配

组建团队	队名	口号、队歌	属于你们团队的造型	轮流上来展示
活动	鼓动人心		履带战车	开始午餐
	9点半开始		10点10分开始	11点40结束
活动（下午）	13点30分开始		松鼠和大树	饭后小游戏
	14点10分		驿站传书	领导能力、协作能力
	15点35分		风雨人生路	感恩奉献
	16点10分		分享总结	返回

组织大家在场地集合之后向大家介绍活动内容，还要强调安全问题。全部说完之后开始热身。

"我们的热身很简单，现在有请全部朋友以我为中心围成一个圈，做热身游戏，第一个是春天里百花开，第二个是橡皮糖黏黏黏，好！我们开始顺时针走起来，听我口令做动作。"

热身游戏：

（1）橡皮糖粘粘粘。

粘两个人的手掌、两个人的耳垂，粘四个人肩膀，粘三个人的脚跟，粘两个人的脚、手和髋部，看谁粘得漂亮（见图14-15）！

图 14-15　泡泡糖粘粘粘

引自百度图片库

（2）花开花落。

我们是一朵花，我们一起努力地绽放、绽放、绽放（见图 14-16）。

图 14-16　花开

我们一起凋零，凋零是为了更好地绽放，一次比一次更加饱满、更加鲜艳（见图 14-17）。我们扎根在一个地方，吸收雨露阳光，使这个地方更加美好，我们的单位会因为有我们这样一批朝气蓬勃，积极向上的教职员工而蒸蒸日上，我们拥抱这个世界，这个世界因为我们而不同。

图 14-17　花落

第一个项目：鼓动人心（见图 14-18）。

图 14-18　鼓动人心

组织方式：自由操作—方法指导—心态调适。

分享点：

（1）一个团队是由不同特点的人组成，每个人都有自己的优点和不足，面对一项任务的时候，每个人担负的工作内容也不同，如果你足够了解自己和工作任务，请求做自己能做的最好的部分，如果要求得不到认可，服从分配，学着做好事情。这就是大局意识。

（2）无论在任何地方要有主人翁意识，每个人的努力都与整个工作任务能否顺利完成息息相关，就像这个同心鼓活动，颠球的时候或许你只是把拉绳子拉住，并不是主要发力完成颠球的人员，但是有你在这才是一个团队，没有你团队最基本的成员都不齐，阵容都不齐，那士气肯定是受影响的！所以，每个人都很重要，每个人都要在自己能力范围内努力做到最好。

（3）没有比赛的时候都还不错，能看到你们的进步和成长，但是一到比赛，就发挥不了应有的水平了，为什么？

要有平常心，重视过程，精力集中到工作上，思考用什么样的方法才能做到最好，不要太多考虑结果，太考虑结果就会急功近利，就会有私心杂念，担心利害得失，就影响了工作效率。

第二个项目：履带战车（见图 14-19）。

图 14-19　履带战车

分享点：

（1）磨刀不误砍柴工，把战车做好了，后面会省去很多麻烦，做工作的时候，也一定要分清轻重缓急，哪些是需要首先考虑的，哪些是需要我们花大心思去做的。

（2）有些队伍看到战车破了就放弃了比赛，其实真正的勇士不到最后一刻是不言放弃的，你有这样的问题，别人会有那样的问题，一定要努力到最后，不能虎头蛇尾。有的时候，胜败就在一刹那间、一念之间。

第三个项目：驿站传书（见图14-20）。

图14-20　驿站传书

分享点：

（1）确立核心，在核心人物的领导下确认一个切实可行的传递方案。

（2）每个人要牢记方案，按照既定的约定执行任务。

（3）每个人都要在保证任务的质量情况下追求效率。

第四个项目：风雨人生路（见图14-21）。

图14-21　风雨人生

规则：

（1）入场学员所有手机必须关闭，忘记性别。

（2）所有人不可以说话，不要发出任何声音，不许笑，绝对服从助教。

（3）我们将有两种身份，盲人和哑人，将相伴携手走完一段风雨人生路，盲人什么也看不见，生命及全部都在哑人身上，哑人的使命就是全力以赴保护盲人，共同走完这段人生路。

（4）每队前排为盲人，后排为哑人，但并不一定是前后结对，而是由哑人来选择。

（5）手势：嘘、停、危险。

（6）誓言，我们是一个团队，我是你的战友，请你相信我必会全力保障你的安全，无论前路多么艰难，坎坷与漫长，无论行程有多少未知、磨难与考验，我都将不离不弃，患难与共，终将一起走完风雨人生路！我们一定会做到！

蒙眼——牵手（各小组助教迅速给其中一人蒙住眼睛，通道准备好）：

（1）列队前后两排，前排尽量为女士，前后人数相等，请助教帮助盲人戴好道具。

（2）请后排的哑人站在选择的战友的后面，整个过程不能发声，不能拿下眼罩。

（3）请哑人慢慢转过盲人战友的身体，面对面站在一起，将双手拉在一起，所有人闭上眼睛，用心来感受一下这双暖暖的手，而不要任何的语言。

（4）这是谁的手？这是一双信任与责任的双手：他可能是你年迈的父母，可能是你的爱人，也可能是你的知己，一个身边的战友，某位合作伙伴，也可能是一位忠诚的客户，或许，他仅仅是一个陌生人。

（5）人生中有太多的风风雨雨，太多的坎坷不平，也总有那些愿意帮助和支持我们的双手，这是紧握你的双手，就是一直在帮助与支持你的那双手，他可能来自家人，来自同事，来自你的团队，来自你的客户的支持之手。

（6）接下来，哑人要扶持盲人，一同走完这段未知的风雨人生路，谁也不知道前方的路有多崎岖漫长，也不知道陪在身边的战友是谁，但是我们已经感受到有人将与我们一起走过，我的同伴，你相信我吗？我的战友你记得我吗？无论怎样我们一起走过。

（7）从现在开始愿意把他当成你可托付的战友，请轻轻点一下头，并用力握下你战友的手，他将陪伴你走完一段人生的历程。

开始人生路。

回来后全体站在原地：

请和你的同伴紧握双手，全体闭上眼睛，一起回想人生之路上的坎坎坷坷，回想刚刚不离不弃的一同走过……

回想起支持过我们，关爱过我们的人，他们曾经或正在与我们牵手走过，没有这双手的帮助和支持，就不会有今天的我们，可有些人我们连声谢谢都没有说过，有些人我们甚至还不知道他是谁……

备注：

每个活动结束后可以问：

（1）我们做得好不好？先给自己一个成功的掌声！

（2）我们成功在哪些地方？

（3）有不足的地方呢？是哪些？

友情提示：

（1）活动中应穿运动鞋，着运动装；请做好户外防风、防晒工作；

（2）活动过程中听从教练指挥，积极配合，不得单独行动；

（3）参训人员中有心脏病、高血压等不适合从事剧烈体育活动病史的请提前告知，在活动中如出现身体不适等应及时报告教练；

（4）请爱护生态环境，维护公共卫生。

安全保障：

（1）教练团队有丰富的一线户外安全实践经验；

（2）教练全程进行安全指导和监督；

（3）为每人购买个人意外伤害险和意外医疗险。

活动道具：同心鼓 3 只、眼罩 30 只、绑带 20 条、透明胶带两卷、报纸若干、一套音响，一段音乐：怒放的生命。

活动时间：早上 8 : 30 开始，下午 4 : 30 结束。

活动地点：暂定鼓山中学。

活动费用：每人 268 元。

案例四 两天一晚场地野外结合培训方案

北京东方成功园拓展培训学校策划部，两天一晚培训流程（野外 + 场地）。

第一天

07 : 00 从北京出发。

08 : 00 到达成功园拓展训练基地。

北京绿色度假村是华北最大的平原森林生态旅游景区，它依林傍水，坐落在北京顺义李遂镇西风景秀丽的潮白河畔，周围环抱着 200 万平方米广袤的森林与 133 万多平方米宽阔的水域和 33 万多平方米金色沙滩紧邻相依。

度假村内林木蓊郁，浓荫蔽日，清新幽静，绿意盎然。村边"中国的莱茵河"——潮白河，河水清澈见底，河岸坡缓滩平，河中沙洲芦丛。度假村已建成北京独有的全木质高、中档别墅群、森林木屋、木质多功能厅，风味餐厅等。还设有高尔夫练习场、网球场、篮球场、旱冰场、度假村四星级酒店客房、棒球练习场、沙滩足球场、匹特搏娱乐场、卡丁车场、体能锻炼区、少儿游乐区、烧烤园、室内综合娱乐馆、果实采摘园和林间垂钓园。令人解除身心疲劳，畅享自然野趣。

08 : 30 团队建设：破冰、热身（自我介绍、起队名、队训、画队旗、编队歌、展示等内容）。

（1）介绍参加本次培训的培训师。

（2）介绍体验式培训起源、目的、发展、形式。

（3）说明本次训练活动的行程安排、活动纪律及安全注意事项。

【红旗飘飘】集众人智慧，浓缩创新意识，展示团队风采。

活动要求：

（1）把全体队员分为 N 个队。每队一名培训师主持、配合本队活动。

（2）各队推荐或自荐队长和政委各一名。

（3）编队歌。可自编曲，也可原曲填词、简短。

（4）定队名。形象、有意义。

（5）队训。文字简练、朗朗上口，具有震撼力。

（6）制作队旗。共同创意，队徽简单、蕴意深刻。要求全体队员在队旗上签名。

（7）各队相互展示，解释队名、队歌、队训、队旗的含义。

破冰起航：为尽情释放工作压力，要求每个队员声音洪亮宣誓："我是最优秀的，一定能行。我坚决完成部门下达的目标任务×××。"

09：40 信任背摔 Trust Fall。

项目介绍：

每位学员都将站在一个 1.8 米的高台上，身体笔直向后倒，其他学员用手臂去接这名队员。培训师负责监控整个过程及安全问题。

培训目标：

1.使学员充分理解信任和责任的关系。

2.克服心理障碍，增强自信心。

3.学习换位思考。

4.在组织中建立平等的人际关系。

5.增强团队的凝聚力。

10：50 空中单杠 Aerial Stick。

项目介绍：

在 8 米高的圆柱顶端有一个圆盘，圆盘仅能容纳人的双脚，而且晃动不止，人要站到上面，然后跃出去抓住悬在头顶上的单杠。

培训目标：

（1）适应新环境的能力。

（2）换位思考。

（3）一般情况下，你所需要的条件不可能完全成熟，学习在这种情况下勇敢抉择的能力。体会到团队的鼓励和支持对于个人能力的发挥起的重要作用，从而主动地在组织内建立良好的文化气氛。成功的最大敌人是自己。

12：00 午餐；休息。

13：40 鳄鱼湖。

项目介绍：

团队合作，培养组织指挥能力，（领导者的自然产生），培养团队凝聚力，树立相互配合的团队精神与整体意识；自己在集体中的位置。完成个体思考，领导与被领导能力、信息的搜集、分析、综合、占有、利用能力。合作能力的发掘，建立、提升、培养群体的严谨性，明确个体与集体的关系，确立个体在集体的位置。

15：00 海难逃生 Run for your life。

项目介绍：

全体队员在规定的时间内翻越一面4米高的光滑墙面，在此过程中，大家不能借助任何外界的工具，包括：衣服、皮带、绳子等，大家所能利用的资源只有自己的身体以及聪明才智。

培训目标：

（1）尝试错误，容忍错误的出现。

（2）人力资源的合理分配、利用。

（3）团队气氛达到高潮。

（4）对于计划、目标的分析，目标倒退法。

（5）培养大家为了团队的利益，勇于"牺牲"小我，无私奉献的精神。

16：30 总结。

17：00 乘车前往野外景点（怀柔小西湖或密云白河峡谷）。

18：30 到达野外景点，入住农家院、吃农家饭。

19：30——21：30 休闲晚会：卡拉OK等。

22：00 休息。

第二天

06：30 起床、洗漱。

07：30 早餐。

08：00 出发前往野外景点。

08：00—11：50 野外景点分队活动（待定）。

【横穿纸壁】有时思考问题，只要往后退一步可能海阔天空；

【电波传递】促进沟通与交流、激励团队挑战自我、超越自我。

【荆棘排雷】建立团队成员之间的相互信任、培养学员创新意识。

【穿越电网】每一组学员要在规定的时间内，全体通过面前一张"带电"的网。

12：00—13：00 野餐。

13：10—16：30 野外景点分队活动（待定）。

【心灵聚合】在相互不能明示的情况下，默契配合是非常重要的。

【展望未来】员工描绘公司发展蓝图以及建设未来的行动与决心。

（1）发给各队白布一块、颜料一盒、画笔2支、水桶一个。

（2）全体队员共同策划、创意员工对公司未来的憧憬。

（3）大家用画笔共同描绘"贵公司"的发展蓝图以及员工建设未来的行动与决心。

《"贵公司"发展蓝图》由各队带回公司惠存。

【九九归一】全体队员分队总结，分享活动感受（每位队员填写活动反馈表）颁发证书；

17：00 乘车返京，活动全部结束。

培训费用：660元/人。

包括：拓展训练培训费（全新的进口设备及设施、专业的培训师）、专业拓展保险10.2万元/人

注：交通费、餐费、住宿费另计。

队员自带物品清单：

（1）户外运动装（尽量穿宽松、防磨、长袖、透气）。

（2）运动鞋或旅游鞋。

（3）个人常用有效药品。

（4）双肩背包一个。

（5）遮阳帽、太阳镜。

（6）防晒霜。

注意：由于拓展培训多在户外进行，除必备物品外，请队员不要过多地携带物品，以免丢失和影响培训效果。

案例五　福州市登山协会年度活动计划

福州市登山协会年度活动计划如表14-3所示。

时间	地点	活动内容	备注
2012-3-25	长乐南阳风洞山	探访福州周边最奇特的天然洞穴、寻找抗日游击队革命者足迹、吃农家饭、青少年团队拓展	
2012-4-8	闽侯南屿五溪峡谷	挖甜笋、吃农家饭、跨越空中断桥、攀岩、爬云梯、夺宝奇兵、勇闯鳄鱼潭等	含3斤甜笋/人
2012-4-15	闽侯南屿五溪峡谷	挖甜笋、吃农家饭、跨越空中断桥、攀岩、爬云梯、夺宝奇兵、勇闯鳄鱼潭等	
2012-4-22	福清大姆山	踏访福州周边最美的天然草场、山顶夺旗、寻宝、烧烤	
2012-5-1	闽侯南屿五溪峡谷	爬云梯、跨越空中断桥、攀岩、飞越激流、突出重围、勇闯鳄鱼潭、寻宝、吃农家饭等	
2012-5-1	长乐南阳风洞山	探访福州周边最奇特的天然洞穴、寻找抗日游击队革命者足迹、吃农家饭、青少年团队拓展	
2012-5-26	长乐大鹤海滨	沙滩拔河、旱地雪橇、快乐向前冲、堆沙雕、踏浪、野炊、烧烤、岩壁攀爬、穿越时光隧道、夺宝奇兵	

时　间	地　点	活动内容	备　注
2012-5-27	长乐大鹤海滨	沙滩拔河、旱地雪橇、快乐向前冲、堆沙雕、踏浪、野炊、烧烤、岩壁攀爬、穿越时光隧道、夺宝奇兵	
2012-5-19	长乐东洛岛	乘船出海、踏浪、拣螺、抓海胆等	8岁以上，须家长陪同、自备干粮
2012-6-4	长乐东洛岛	乘船出海、踏浪、拣螺、抓海胆等	8岁以上，须家长陪同、自备干粮
2012-6-5	马尾快安	采杨梅、烧烤、能量传递、拆弹部队、达·芬奇密码	含2斤杨梅/人
2012-7-1	永泰莒溪	莒溪戏水（撑竹排、打水战）、烧烤、雷区取水、极速呼啦圈、夺宝奇兵	
2012-7-2	闽侯侠客谷	5天4夜夏令营（计32个活动项目）	家长不陪同（下同）
2012-7-9	闽侯侠客谷	5天4夜夏令营	
2012-7-16	闽侯侠客谷	5天4夜夏令营	
2012-7-30	闽侯侠客谷	5天4夜夏令营	
2012-8-13	闽侯侠客谷	5天4夜夏令营	
2012-10-1	闽侯侠客谷	岩降、攀岩、飞越激流、一苇渡江、溜索、梅花桩、双索竞渡等18个特色项目，另有野炊、烧烤	8岁以上，每天发团
2012-10-1	平潭塘屿岛	海坛天神露营	
2012-10-28	长乐东洛岛	乘船出海、踏浪、拣螺、抓海胆等	8岁以上，须家长陪同、自备干粮
2012-11-11	长乐东洛岛	乘船出海、踏浪、拣螺、抓海胆等	8岁以上，须家长陪同、自备干粮

　　福建电视台棒棒TV和福州市登山协会还将在3月份开始运作"睡到田间去·野吧"栏目，每个周末都会带着小朋友们去一个地方（景区、农家乐）活动，活动形式多种多样，内容也极具特色。敬请关注。

　　青少年素质拓展中心目标：

　　（1）依托正面管教原理，促进亲子间良性互动；

　　（2）依托积极心理学原理，培养儿童24种积极性格；

　　（3）依托科尔伯格道德发展六阶段理论，引领青少年树立自我行为准则；

（4）依托霍华德－歌德讷的多重智力理论，培养青少年语言、逻辑—运算、空间、音乐、肢体运动、个人知觉、社交等七种基本能力；

（5）依托福州市登山协会12年的团队拓展培训和10年的亲子户外活动经验，培养青少年团队精神及野外生存能力。

注：

（1）以上活动费用中，均含车费、保险、教练、门票、餐费（东洛岛拣螺须自备干粮）等，不再向队员另外收费；

（2）原则上20人以上可单独成团，时间和地点任选；

（3）以上活动时间都是最佳活动时间，除非天气原因活动改期外，将不再更改。

详情咨询：0591-83325007，83378728

报名及集合地点：斗东路12号联滨楼6楼（五一广场旁福州大饭店对面）市登协办公室福州市登山协会。

案例六　户外趣味运动会

场地项目：

团队热身趣味游戏。

特殊的形式相互了解，团队成员"融冰"。

明确活动目的，产生意识。

初步形成热烈的团队氛围，为接下来的趣味运动会做好心理准备。

（1）项目创新，耳目一新：通过多种特制新颖器材，令参与团体感觉新鲜，为视觉及听觉带来更多享受，亦可让参加项目者更为投入。

（2）新颖乐趣：运动项目简单有趣，刺激好玩，通过项目概念讲解及简单演示，便可明白项目游戏规则及如何参与，大部分项目与游戏形式结合，趣味性极高。

（3）参与性强：与传统运动会相比，趣味运动会更特显团体的共同参与，几十人甚至上千人均可在一场趣味运动中共同参与。脱离传统运动会只能"多人观看，少人参与"的不足之处。

（4）参与门槛低：弥补了传统运动会上只拼力量、速度的不足，趣味运动项目对体能的要求不高，不论老少、男女均共同参与体会。

（5）气氛活跃：因趣味运动项目区域要求不高，只需要不大的面积便可进行，观众与参赛者的距离很近，场内场外打成一片。开场、比赛、颁奖整个环节的气氛都显活跃、热闹。

（6）可控性强：因为有出色的裁判团体，加以细节的项目规则，有条不紊、环环相扣的项目分数统计规则，让活动能顺利进行。

（7）项目众多，不像类似传统项目，每日都有更新，每日都有创造，可以使兴趣得到充分的延续，从而达到锻炼身体以及团结合作的目的。（表14-4至表14-7）

表 14-4　千足同步行

项目：千足同步行	考验参赛队员的团队协作能力
 图 14-22　千足同步行	项目介绍：在全体队员做好准备后，分队进行比赛，起点与终点的距离为 30 米，当发令员说开始后，各队进行计时比赛，最先完成且不违反规定的队伍获胜。如图 14-22 所示。

表 14-5　袋鼠跳

项目：袋鼠跳	考验队员的协作和协调能力
 图 14-23　袋鼠跳	项目介绍：所有准备工作完成后，队员在起点和终点两处各安排 5 位队员，分组进行比赛，每位队员只需进行单向跳跃，到终点或起点后由另外一位队员接力，10 个接力人员全部完成接力比赛用时少者胜利。如图 14-23 所示。

表 14-6　保龄球

项目：保龄球	个人能力展示
 图 14-24　保龄球	项目介绍：各队派出 3 位代表成员进行比赛，在离保龄球 3 米的位置进行比赛，各队 3 位成员击中的保龄球个数相加，多的队伍胜利。如图 14-24 所示。

表 14-7　旋转奔跑

项目：旋转奔跑	个人能力的展示，考验个人协调能力与团队的安排

（续　表）

图 14-25　旋转奔跑

项目介绍：各队选出 5 位会呼啦圈的选手进行比赛，比赛的过程选手必须在转动呼啦圈的过程中进行走动，走到对面 5 米的位置再转着呼啦圈回到原点，5 位队员以此接力，成绩用时少者胜利。如图 14-25 所示。

　　项目：纸衣往返接力

　　道具：一张 A4 白纸。

　　规则：将白纸贴在前胸，在奔跑过程中保持不掉，如果掉下重新捡起继续奔跑，跑到对面交给另一名同伴，以最快到达终点胜利。

　　项目：摸石过河

　　每个运动员拿两块砖头，放在起点线后沿（纵向放置），听到裁判员发出"各就位"口令后，运动员两脚站在两块砖上，当裁判员鸣枪后，运动员即可开始，提起左脚（左右脚可自定），用手拿起原左脚踏的一块砖头，并放到前方（距离自定），左脚踏上前方砖头，提起右脚，用手拿起原右脚踏的一块砖并放到前方（距离自定），右脚踏上前方砖头，这样依次前进，直至最后一块砖头用手拿起人迈出终点线。途中如有脚落地，判为犯规，不记成绩。

　　趣味运动会安全注意事项：

　　（1）友谊第一，欢乐第二，比赛第三。注意行动切勿莽撞；

　　（2）在活动过程中，老年人应该注意安全，比赛现场也应有多位工作人员进行保护；

　　（3）在活动过程中，如有挫伤、扭伤、肌肉拉伤、呕吐、眩晕等身体不适情况，立马报告，不能隐瞒；

　　（4）请提前告知身体状况，如有心脏病，高血压，骨质类疾病或动过手术不久等情况，培训师会根据情况另行安排；

　　（5）听从教练员的安排，没有教练的允许不得随意攀爬场地设施；

　　（6）要有极强的时间观念，严格遵守时间，对自己负责，对团队负责；

　　（7）活动期间一旦发生突发性事件，应立即做出反应，将损失降低到最小限度；

　　（8）运动员出现挫伤、扭伤、肌肉拉伤等一般性损伤时，裁判长要立即请医务人员到现场医治；

　　（9）一旦运动员出现剧烈呕吐、眩晕、骨折、休克等较重症状时，要采取以下措施：

　　①各组裁判长、检录员要立即向总裁判长报告；

　　②立即派医护人员到现场救护；

　　③用电话与医院联系，做好抢救的准备工作。并安排应急车辆和人员护送伤者到医院救治；

（10）要准备好常用医疗包，方便有突发症状时医药可以及时到位。

案例七　福州市鼓楼区工会趣味运动会

竞赛规程：

一、竞赛时间与地点：2017 年 × 月 × 日（星期 ×）×××田径场。

二、竞赛项目：

（1）60 米三人同进走、足式保龄球。

（2）八字跳绳、10 人 11 足、"企鹅步"接力赛、传递排球、4×50 m 三项接力赛、拔河。

三、参赛单位：鼓楼区各工会。

四、竞赛办法：

（1）各代表队领队 1 人。

（2）各单位限报两队，每队限报 10 人。

五、录取名次与奖励办法：

（1）各单项录取前八名，9，7，6，5，4，3，2，1 计分，集体项目双倍计分，即按 18，14，12，10，8，6，4，2 计分。

（2）集体项目录取前八名（八字跳绳、10 人 11 足、传递排球"企鹅步"接力赛、4*50m 三项接力赛、拔河），按单项的双倍计分。

（3）团体总分录取前八名，获得团体总分名次的班级给予奖励，获得单项和集体项目名次的给予奖励。

六、报名办法：

（1）各参赛队伍必须将参赛的运动员名单和具体参赛项目分别填写，报名采用电子文档，各队报名至（××）中下载报名表格填写后于 × 月 × 日前发至组委会，电子邮箱：××××QQ.com，逾期不予受理。

（2）报名后不得更改。

（3）召开领队会议时间待定。

七、裁判：

技术代表、仲裁、正副裁判长、主裁判、骨干裁判由组委会选派，其他裁判由志愿者担任。

八、注意事项：

（1）请代表队认真学习竞赛规程，仔细阅读报名表上备注栏的要求，并按要求进行填写。领队应亲自审核填报好的报名表，经确认无误后才能发送。

（2）各代表队队员要穿运动服、运动鞋。

九、未尽事宜，另行通知。

附件：

竞赛规则与要求

一、30 米三人同进走

比赛方法：30 米长的跑道 3 条（每条跑道宽 3.75 米，起点即为终点）在 30 米处设放标志杆。每队中 3 人组合为一组，两人面向前方，中间一人面向后方，3 人手臂相挽。比赛开始，每组 3 人一起向标志杆方向走，绕过标志杆返回起点，以时间计取成绩。

比赛规则：手臂不能松开，手臂一旦松开必须在原地待重新相挽后才能继续前进，中间的队员两脚不能悬空，应该倒退走。

二、足式保龄球

比赛方法：每队选派 1 人参赛，在离保龄球 6 米外，以等边三角形的形状按 1，2，3，4 排列摆放 10 个保龄球（可以用矿泉水瓶）。参赛选手用足球以踢球的形式击球。每人 3 次机会，撞倒一个瓶得一分，以累计成绩总数最高为胜者。

比赛规则：参赛人员必须在规定的范围内踢球，否则成绩作废。

三、90 秒长绳"8"字跳

每队 10 名运动员，男生不限，女生不超过 5 名。每队由其中两名队员摇绳（性别不限），持绳站好，间距不小于 3 米。在口令或鸣哨后将绳同方向 360° 摇起，运动员无论采用何种方式须依次以"8"字路线跑入绳中跳跃，长绳过双脚一次，再跑出长绳，则计次数 1 次，在规定时间内以各队每名运动员跳绳累计次数多少计算成绩，次数多者名次列前。

四、4×50 m 篮球、乒乓接力赛

比赛方法：每队选出 4 名参赛者参加接力赛，参赛者站在起点；比赛开始，第一个参赛者单手运篮球到规定点，放下篮球，跳绳十个，放下跳绳，用乒乓球拍托着乒乓球，回到出发点把球传给下一个队员，该队员拿球拍托着乒乓球出发到规定点，跳绳十下，运球回到起点，换人依次循环进行，传得最快组获胜。

比赛规则：

（1）参赛人数 4 人；比赛距离为 800 米。

（2）行进过程中，不得走步，托乒乓球的时候不得用身体的任何地方触碰球拍上的乒乓球，违者重回起点。

（3）比赛途中，不得以自己的球拍干扰对方队员。

（4）比赛过程中，球掉于地上，需返回起点重新开始。

五、企鹅步（胯下夹球走步）

比赛道具：篮球六个。

比赛方法：每队 10 人，分别在两边站立。排头的队员两腿夹住篮球从起点出发到达终点，然后把球传给下一个队员；小组最后一个人完成后，最快的一队就是获胜队。

比赛规则：

（1）在交接球时，交接者必须踏上起点线或终点线，才能交接，违者重新踏线．

（2）夹球走过程如果需要可以扶正球的位置，然后马上松手，不能边扶球边走，单人扶球不能超过2次，如果扶球超过2次，或球失去控制滚开，重新从起点开始比赛。

六、传递排球

比赛方法：每队推选10人进行比赛；排头的队员从指定位置捡球往后传递，最后一名队员再把球放进指定位置，直到最后一球传到最后一人并到指定位置后比赛结束。用时少者获胜。

比赛规则：

（1）10名队员一路纵队坐下，人与人之间间隔1.5米。

（2）中途球传丢后该球重新从头开始传递。

（3）所有球都到指定位置，计时结束，以耗时最少为胜方。

七、10人11足

比赛方法：每队推选10人进行比赛；10个人中有一只脚与对方的一只脚绑在一起。比赛开始，从起点向终点跑去，用时少者获胜。

比赛规则：

（1）比赛距离为30米。

（2）中途有人的绑腿绳子松开，其余人必须在原地等待绑好后重新站定，方能开始继续前进。

（3）两人都过终点，计时结束，以耗时最少者为胜方。

八、拔河比赛（采用单淘汰比赛方式）

（1）每队10名队员参赛（其中男队员7名、女队员3名）。

（2）场地：画3条平行短线，间隔1.5米，中间一条为中线，两边为河界，绳子中点线处系一条红色标志带，标志带下系一垂物，比赛时对准中线。

（3）裁判员发出预备口令后，双方运动员拿起绳子，做好准备。

（4）裁判员鸣笛后，比赛开始，以标志带或垂物拉过本方河界时为胜。

（5）比赛时间确定为30秒，以标志物或垂直物移动位置在参赛一方的为胜队，反之为负队。若无法判定在参赛队一方的，则再延迟10秒，以此类推，决出胜负。

案例八　2015年福建省青少年定向锦标赛

竞赛规程

一、主办单位：福建省教育厅、福建省体育局。

二、承办单位：福建省社会体育指导中心、福建省无线电定向运动协会、福州市定向运动协会、福建省欧瑞斯无线电定向运动俱乐部。

三、竞赛日期：2015年12月27日。

四、竞赛地点：待定。

五、竞赛项目及组别：

（1）竞赛项目：短距离赛。

（2）竞赛组别：

①设小学组、初中组、高中组、大学组等4个组别。

②各组别分设男子组和女子组。

六、参赛单位：福建省内各中小学、大/专院校。

七、组队办法：

（1）以学校为单位组成代表队参加比赛。参赛的运动员必须是同一所学校在读的学生，不得临时调校组合（挂读生、借读生回原学籍学校报名）。如有弄虚作假，冒名顶替者取消全队比赛成绩。

（2）各代表队可报领队1人，每组别教练员1人，运动员10人（男子、女子参赛运动员各5人）。

（3）小学组、初中组、高中组各单位限报1支队伍，大学组各单位限报3支队伍。未报满男、女各5人的队伍，不参与团体奖项。

（4）具有健康的身体；身体状况不适合者（如高血压、心脏病等）谢绝参加；若不适宜激烈运动者隐瞒病情，后果自负。

（5）特别说明：报名时要认真填写报名表中的身份证信息，若没有身份证，可填写出生年月日。

八、报名方式：

（1）报名费：免报名费。

（2）报名时间：2015年12月21日前。

（3）报名方式：

①报名地点：福州市定向运动协会办公室（地址：福州市鼓楼区琴湖路38号融侨花园二区1#2C单元）。

②联系人：刘绍钦，联系方式：微信/QQ/电话：18906913141。

③报名材料：

1）认真填写报名表的电子版文件，粘贴照片。

2）打印免责声明→签署免责声明→拍照→照片文件。

★ 上述两份电子版文件材料发送至：3265916435@qq.com邮箱。

★ 请将电子版文件的文件名修改为队伍名称。

九、比赛办法：

（1）执行国家体育总局审定的《定向运动竞赛规则（最新版）》。

（2）使用国际定向运动地图规范（ISOM2000/ISSOM2007）最新绘制彩色地图。

（3）使用电子打卡计时系统。

（4）出发方式由裁判委员会决定，出发顺序由计算机随机决定。

（5）处罚规定：凡有下列情况之一者成绩无效或取消比赛资格：

①比赛中没有按规定的路线进行打卡，漏打点，成绩无效；

②比赛超时，成绩无效；

③代表队成员私自出预备区者；

④接受其他队伍帮助或为其他队伍提供帮助者，如指路、找点；

⑤比赛中使用交通工具、通信工具者；

⑥参赛队员未按规定批次出发者；

⑦比赛时丢失指卡、号码布、地图者。

（六）其他处理：

①比赛途中参赛队员因伤病或其他原因不能完成比赛时，可自行退出比赛，退出比赛后必须尽快向终点报告；

②出发前队员因故退出比赛，其领队或教练员应向终点报告。

十、赛事安排：

表 14-8　赛事安排

时 间	项 目	备 注
8：00—8：30	签到	以单位的形式到指定地点签到，并领取比赛相应的物品（指卡、号码布）
8：30—9：00	开幕式	简短的开幕仪式
9：05	检录	按批次检录，等待出发
9：15	开始比赛	领取地图、出发即开始计时
11：15	比赛结束	统计成绩（比赛有效时间为 120 分钟）
11：45	公布成绩	颁发奖品
12：00	回程	活动结束

十一、名次录取与奖励办法：

（1）个人赛：各组别男子组、女子组分别录取前八名，颁发奖状。

（2）团体总分：

①分别以各学校各组别参赛运动员个人赛成绩名次的积分，累计计算团体总分。

②各组别团体按照报名情况分别取 20%、30%、40% 为一、二、三等奖，并颁发奖牌或奖杯。若参赛队伍不足三支，不设团体奖项。

（3）团体总分计算办法：团体总分按该学校、该组别男、女各 5 人的个人名次积分累加计算，积分少的队伍成绩排前。个人积分计算按第一名积 0 分，第二名积 2 分，第三名积 3 分，以此类推计算，无效成绩的按本组别报名人数再加 10 分进行计算。

（4）若出现积分相同的队伍，则对相关的参赛队相同组别的运动员按名次进行对比，名次最优的参赛队排名靠前；若名次相同，则根据次优的名次进行对比，以此类推。

十二、申述：

凡对比赛成绩、裁判员执法有异议提出申诉者，需向组委会提交队长签字的《申诉报告书》及 500 元申诉费方可受理。如胜诉，申诉费原数退还。

十三、本规程解释和修改权属本届运动会组委会。

十四、裁判员由主办单位选派。

十五、本规程未尽事宜由组委会补充，并公布在福州市定向运动协会官方网站上：www.fzdxyd.com。

2015 年福建省青少年定向锦标赛报名表

领队姓名：　　　　　　联系方式 ：　　　　　　电子邮箱：

教　练　员

	性　别	姓　名	身份证号码（证件号）	组　别
		例：黄＊＊	350102＊＊＊＊＊＊＊＊＊＊＊	小学男子组
男				
女				

注：报名表填写后，文件名修改为队伍名称。电子版文件发送至：3265916435@qq.com。

2015 年福建省青少年定向锦标赛

免责声明

本人自愿参加 2015 年福建省青少年定向锦标赛，并发表如下免责声明：

1. 本次比赛所涉及的项目对参加者的体能和技巧的要求，组织者已经全面、完整提示了可能面临的风险以及避免风险的措施，本人对比赛和其他相关事项的高风险性及可能带来的不利后果已有足够了解，对风险防范措施有充分掌握。

2. 本人身体和心理健康，无疾病、伤残或其他可能影响参加比赛的情形。本人保证在报名时向组织方出示的相关证明，包括个人基本信息和体检证明，均真实合法有效且无任何隐瞒。

3. 比赛期间，本人服从组织者的活动安排，凡因个人私自行动或因隐瞒个人实际情况（病史、身体状况及其他状况）而造成的一切后果，由本人承担完全责任。

4. 本人同意参与活动过程中的照片、肖像用于宣传媒体、普及推广的宣传用途中，免除组织方使用照片、肖像的相关责任。

本人已经阅读本免责声明书，已明白无误地知悉、理解、掌握本责任免除书的全部内容和含义并完全接受。

签　署　人：

签署日期：　　　　年　　月　　日

案例九　趣味运动会策划书

一、活动背景

本次运动会不同于传统运动会的田径比赛项目，而是将传统运动的竞技项目和趣味游戏相结合，把其趣味性与个人某方面的学习需求结合起来，形成融合了体育、文化、趣味、智力等元素的趣味运动。

二、活动意义

一方面，它比拓展训练更具有趣味及凝聚力，能更好地把企业文化渗透到每个员工，增进员工之间的亲密感，从中学会团队协作。

另一方面，它具有强身健体的作用，对于整天在办公室工作的员工来说，它的经济性、趣味性及观赏性能给他们带来另一种新奇体验，能够使整个活动形成兴奋、热烈、互动的气氛，进一步锻炼员工的团队精神与协作能力。

三、活动主题

"拥抱春天、全员健身"。

四、活动简介

（1）具体时间另行通知。

（2）活动地点：待定。

（3）参赛对象：鼓楼工会成员。

（4）比赛项目：

①二人三足；

②足式保龄球；

③4×50 m 三项接力赛；

④结对而行；

⑤齐心协力（背球接力）；

⑥跳绳；

⑦众人一条心；

⑧拔河。

（5）参赛规则：

①公司员工除工作人员外分成4队，每队10人；

②各比赛项目参加人员由本队人员推选。

（6）奖励规则：

①本次比赛采取积分制共100分，总计分最多的队胜利；

②相关比赛会有奖品颁发给获胜者；

③根据积分排出相应队伍的名次，按名次颁发奖品：

第一名：所在队员每人。

第二名：所在队员每人。

第三名：所在队员每人。

第四名：所在队员每人。

下面介绍具体比赛项目及规则。

（1）两人三足。

比赛道具：绳子（或布条）20段。

比赛方法：

①每队推选10人进行比赛。

②10个人中有一只脚与对方的一只脚绑在一起。

③比赛开始，从起点向终点跑去，用时少者获胜。

参赛人数：每个队出10人一组。

比赛规则：

①比赛距离为30米；

②中途有人的绑腿绳子松开，其余人必须在原地等待绑好后重新站定，方能开始继续前进；

③两人都过终点，计时结束，以耗时最少为胜方。

比分设置：第一名得分10分、第二名得分8分、第三名得分6分、第四名得分4分；

奖品设置：获得第一名的两名队员可获得由公司提供的羽毛球拍每人一套。

工作人员安排：董志强负责发口令；单庆贤负责在终点计时；祝清秀负责记分；乔菲负责检查绳子是否捆好；渠攀峰负责安全。

（2）足式保龄球。

参赛道具：足球3个，装满水的矿泉水瓶10瓶。

比赛方法：

①每组选派1人参赛。

②在离水瓶6米外，以等边三角形的形状按1，2，3，4排列摆放10个装满水的饮料瓶。

③参赛选手用足球以踢球的形式撞倒饮料瓶。每人3次机会，撞倒一个饮料瓶得一分，以累计成绩总数最高为胜者。

比赛规则：

参赛人员必须在规定的范围内踢球，否则成绩作废。

比分设置：第一名得分10分、第二名得分8分、第三名得分6分、第四名得分4分。

奖品设置：第一名的获得者可获得由公司提供的空气加湿器一个。

工作人员安排：董志强负责发口令；单庆贤负责在终点计时；祝清秀负责记分；乔菲负责道具摆放；渠攀峰负责安全。

（3）4×50 m篮球、乒乓接力赛。

比赛道具：篮球6个、乒乓球10个、乒乓球拍3副，跳绳6根。

比赛方法：

①每队选出4名参赛者参加接力赛，参赛者站在起点；

②比赛开始，第一个参赛者单手运篮球到规定点，放下篮球，跳绳10个，放下跳绳，用乒乓球拍托着乒乓球，回到出发点把球传给下一个队员，该队员拿球拍托着乒乓球出发到规定点，跳绳10下，运球回到起点，换人依次循环进行；

③传得最快组获胜。

比赛规则：

①参赛人数4人；比赛距离为800米；

②行进过程中，不得走步，托乒乓球的时候不得用身体的任何地方触碰球拍上的乒乓球，违者重回起点；

③比赛途中，不得以自己的球拍干扰对方队员；

④比赛过程中，球掉于地上，需返回起点重新开始。

比分设置：第一名得分10分、第二名得分8分、第三名得分6分、第四名得分4分。

工作人员安排：董志强负责发口令；单庆贤负责在终点计时；祝清秀负责记分；乔菲负责检查是否有违规行为；渠攀峰负责安全。

（4）结对而行。

比赛道具：绳子（或布条）若干。

比赛方法：

①4人一组（两男两女）。

②比赛开始前把每一组人员的左腿和右腿两两绑在一起成一排。

③4组并排一起站在起跑线上，裁判喊开始时，各队出发。

④最先到达终点的队获胜。

比赛规则：

①比赛距离为30米；

②中途有人的绑腿绳子松开，其余人必须在原地等待绑好后重新站定，方能开始继续前进；

③本组所有人都过终点，计时结束，以耗时最少为胜方。

比分设置：第一名得分10分、第二名得分8分、第三名得分6分、第四名得分4分。

工作人员安排：董志强负责发口令；单庆贤负责在终点计时；祝清秀负责记分；乔菲负责检查绳子是否捆好；渠攀峰负责安全。

（5）企鹅步（胯下夹球走步）。

比赛道具：篮球6个。

比赛方法：

①每一队10人，分别在两边站立。

②排头的队员两腿夹住篮球从起点出发到达终点，然后把球传给下一个队员。

③5个小组轮换后，最快的一队就是获胜队。

比赛规则：

①在交接球时，交接者必须踏上起点线或终点线才能交接，违者重新踏线；

②夹球走过程中如果需要可以扶正球的位置，然后马上松手，不能边扶球边走，单人扶球不能超过2次，如果扶球超过2次，或球失去控制滚开，重新从起点开始开始比赛。

比分设置：第一名得分10分、第二名得分8分、第三名得分6分；第四名得分4分。

工作人员安排：负责发口令一人；负责在终点计时一人；负责记分一人；乔菲负责检查是否有违规行为；渠攀峰负责安全。

（6）八字跳绳（15分钟）。

比赛道具：长跳绳2根。

比赛方法：

①每组10名选手参赛，8名选手围绕绳子跳八字，另2名选手摇绳。

②第一个选手进入跳绳后开始计时计数。

③中途出现中断行为减去该次数，继续进行，计数累加。

比赛规则：

①比赛时间3分钟；计人、计数；

②按8人同时跳计算。

③在规定时间同时起跳个数最多的队为胜利方。

比分设置：第一名得分10分、第二名得分8分、第三名得分6分；第四名得分4分。

工作人员安排：负责发口令一人；负责记数一人；负责记分一人；乔菲负责检查是否有违规行为；渠攀峰负责安全。

（7）众人一条心（15分钟）。

比赛方法：

①参赛者为本队所有队员，要求10人肩搭肩。

②从起点起跑，手始终在另一个队员的肩上。

③用时最少的队获胜。

比赛规则：

①必须全员参加。

②如出现摔跤或者放手现象则视为违规，违规者须回到起点重新开始比赛。

比分设置：第一名得分20分、第二名得分16分、第三名得分14分、第四名得分10分。

工作人员安排：负责发口令一人；负责记数一人；负责记分一人；负责检查人数及是否有违规行为一人；负责安全一人。

（8）拔河。

比赛道具：拔河长绳一条。

参赛人员：队与队之间的比赛。

比赛赛制：

①抽签决定两两对抗组的搭配顺序；

②每组获胜方进入决赛，决赛取获胜者一名；

③故意放手致使对方队员跌倒视为违规，违规者取消本次比赛成绩。

比分设置：第一名得分20分、第二名得分16分、第三名得分14分、第四名得分10分。

工作人员安排：负责发口令一人；负责记数一人；负责记分一人；乔菲负责检查人数及是否有违规行为；渠攀峰负责安全。

其他具体工作及工作人员安排：

（1）工作人员安排：

①裁判：计时、记分、安全、道具摆放、现场检查。

②场地收拾：全体员工，由各队队长负责安排各队所在活动场地的卫生管理情况。

③后勤保障：单庆贤负责活动用品的运送及其他工作。

④物品采购：张君、乔菲、祝清秀负责活动所需物品的采购工作。

⑤摄影师：黄海。

（2）赛场规则。

①尊重比赛，尊重裁判，尊重对手，赛出水平，赛出风格；

②裁判必须做到公平、公正、公开；

③比赛前各小队解读比赛项目细则，让参赛人员更加清楚各项比赛流程和规则；

④禁止非工作人员与非参赛人员进入比赛场地，扰乱比赛秩序；

⑤保持各小队所在场地的卫生，保持比赛现场的卫生；

⑥请各小队参赛队员准时到达比赛场地，到比赛时间有参赛人员不到赛场者做弃权处理；

⑦望各小队认真组织本队人员参加活动，文明比赛，文明助威，充分展现各小队的风采；

⑧遇不可抗因素，比赛日程另行通知。

所需相关道具：

秒表、计算机、话筒（喇叭）、横幅、哨子、小旗、绳子（或布条）、拔河及跳绳所用绳子、篮球、足球、装满水的饮料瓶、乒乓球及球拍等。

案例十　城市定向越野寻宝大赛策划方案

一、活动的目的意义

城市定向是运动员凭借对地图的识别能力和使用能力，依据组织者预先设计的图上线路，借助于指北针与地图保证运动方向，在城市间徒步赛跑，依次逐一到达各个检查点，分别用个检查点点标上的密码夹（或印章）在随身携带的检录卡上作记，以示到达该点。运动员按顺序通过各个检查点，然后到达终点，在准确通过各检查点的前提下，以全程耗时最少者为优胜。由于城市定向把体力、智力锻炼和竞赛融为一体，所以一经展开，就受到热烈的欢迎。在我国，定向运动还属于新型的体育运动。为响应全民健身计划，满足群众开展体育锻炼的需要，我们将开展城市定向运动营活动。

二、活动目的

①通过定向活动培养小区居民体育锻炼的意识、技能，使其具备独立思考、果断解决所遇困难的能力。

②"家庭组"定向是定向运动的一个分支，通过参加"家庭组"定向运动，可以增进人与人之间的相互了解，增强参赛者同舟共济、共渡难关的决心和凝聚力，共享天伦之乐。

③通过比赛为赞助商提供展现企业形象的舞台，同时向广大社区展示自己楼盘、小区文化、服务功能，进一步拉近企业与客户的距离，零距离地感触生活空间。

三、活动定位

广大社区居民。

四、活动时间

第一天报名、培训（周六）、第二天比赛（周日）。

五、活动地点

福州市各楼盘小区。

六、活动内容

（1）运动员报名、匹配分组：3人一队，每队两个成年人为一男一女、一个儿童（年龄不超过15岁），每队视为一个"家庭"。

（2）赛前培训，了解城市定向比赛规则、熟悉楼盘布局、了解队友。

（3）赛前集友晚会（有奖楼盘知识竞猜、各种小游戏）。

（4）正式比赛。

（5）颁奖典礼（参赛者、队友间交换礼物、纪念品）。

七、活动流程

周六上午：运动员报道（设现场报名）、分组配队。

周六下午：赛前培训。

周六晚上：赛前集友晚会。

周日上午：正式比赛。

周日下午：颁奖典礼

八、活动预算

活动预算如表14-9所示。

表14-9 活动预算

项　目	数　量	单价（元）	总金额（元）	备　注
地图勘探费用			10000	楼盘
地图印刷费	600	3	1800	楼盘
城市定向知识资料	500	3	1500	只用于参赛者报名时发给参赛者
哨子	600	1	600	
指南针	600	5	3000	
参赛卡	600	0.5	300	
参赛服	500			承办者提供
工作卡	50	0.5	25	
工作服	50			承办者提供
点标说明	600	0.5	120	
检录卡	150	0.2	30	
游戏材料			1000	数目待定

项　目	数　量	单价（元）	总金额（元）	备　注
游戏礼物				承办者提供
舞台	1			
扩音器	1			承办者提供也可由本协会联系
音响设备	1			承办者提供也可由本协会联系
交通接送车	5			旅游车
（50座大巴）	1	500	500	培训、比赛
比赛工作人员消耗	50人	50	2500	比赛当天
培训工作人员消耗	20人	50	1000	培训1天
培训主讲费用			1000	待定
培训工作人员	50人	50	2500	含餐费、车费等其他支出
培训当天参赛者消耗	500人	12	6000	含午饭、水等费用支出
比赛当天参赛者消耗	500人	2	1000	饮水费用
踩点费用	4人	80	320	楼盘
保险费	500人	3	1500	
通信费			1000	贯穿活动整个过程，由筹划到活动结束
不可预见费用			5000	
总计1			40695	

案例十一　第二届全国城市定向系列赛策划方案

一、活动背景

定向运动是一项非常健康的智慧型体育项目，是智力和体力并重的运动。它不仅能强健体魄，而且能培养人独立思考，独立解决问题的能力及在体力和智力受到压力下做出迅速反应，果断决定的能力。

认真贯彻落实《中共中央、国务院关于进一步加强和改进新时期体育工作的意见》，积极推进全民健身事业的各项工作，为迎接2008年奥运会创造良好的全民健身氛围，进一步提高国民身体素质。到2005年，全国经常参加体育锻炼人数达到总人口的37%以上。组织和指导开展以青少年为重点的"五个亿万人群"的健身活动和全民健身周活动，不断创新活动内容，提高活动水平。

定向运动是奥林匹克运动项目，也是我国体育大会正式比赛项目。定向运动在北欧非常普及，其中瑞典的五日定向比赛，每届的参赛选手已超过五万人，大大超过了任何一届奥林匹克运动会的选手人数。而我国地域辽阔，风景秀丽，非常适合定向运动在我国的普及推广。为全面贯彻落实全民健身计划，倡导积极健康的体育健身活动，调动人民群众参与体育健身活动的热情，经国家体育总局批准举办第二届全国城市定向系列赛。

二、策划目的

贯彻落实全民健身计划纲要，提高城市体育人口数量普及定向知识，提高竞技水平培养识图用图能力，提高逻辑思维水平树立城市形象，提升城市的知名度和美誉度营造爱我城市、爱我家园、自觉保护自然环境的氛围。

三、赛事概要

（1）赛事名称：第二届全国城市定向系列赛。

（2）赛事主办：国家体育总局。

（3）赛事承办：举办城市人民政府。

（4）赛事协办：赞助企业、招商机构、媒体。

（5）比赛时间：2003年7月至12月。

（6）比赛地点：全国15个城市。

（7）比赛规模：由承办地人民政府确定。

（8）新闻宣传：新华社、人民日报、中央电视台等50家中央及地方媒体将对第二届全国城市定向系列赛总决赛进行专题报道。

三、比赛规程

（1）比赛项目：定向越野个人赛、定向越野接力赛（团体组）、家庭定向越野赛（家庭组）。

（2）竞赛规则：比赛执行《定向运动竞赛规则（试行）》和各举办地的补充规则。

（3）竞赛仲裁：由国家体育总局航管中心选派。

（4）录取名次：各城市单项前10名，代表该城市参加全国总决赛，总决赛分别录取各单项各组别前六名。

（5）评奖：评选"第二届全国城市定向系列赛"最佳赛区和普及定向运动突出贡献奖。

四、实施策略

（1）以政府支持、市场运作、企业经营的模式筹办本次活动，通过媒体宣传，调动人们对观看和参与定向运动的热情。

（2）充分挖掘该活动的商业资源，为企业搭建展示自己的平台。

（3）通力协作，把"第二届全国城市定向系列赛"办成安全、圆满、精彩的品牌活动。

五、赛事介绍

（1）举办隆重、热烈的开幕仪式：邀请体育局领导、承办省市领导、赞助企业领导等各界嘉宾参加。安排国家体育总局航管中心领导、承办省市领导、赞助企业领导致辞。请特邀嘉宾宣布开幕。开幕式上进行当地民俗文艺表演，营造青春、欢快的现场气氛。

（2）定向越野个人赛：在风景秀美的城市公园进行。参加活动的选手手拿地图、指北针、指卡按组别依次从起点出发，按图中顺序找出隐藏在公园各景点里的检查点，打卡后，冲到终点。获得第一名的选手将赢得大奖（奖金视具体情况而定）。通过个人赛，培养选手独立思考、分析问题解决问题的能力。

（3）定向越野接力赛（团体组）：每个团体由2名男选手和2名女选手组成。比赛的路线分成若干段，每名选手完成其中的一段，各段参赛选手的成绩相加为该队团体总成绩。为便于观众欣赏各选手之间的激烈竞争，接力定向的场地必须设置一个"中心"站，各段选手的交接均在这里以触手方式进行。通过团体接力赛，培养团队内各个成员密切协作、有效沟通的习惯，形成团队精神。

（4）家庭定向越野赛（家庭组）：每组三人，由同一家庭的老中少三代选手组成。三人同时从起点出发，分工合作，按图找到检查点后，冲到终点。通过定向越野家庭赛，建立家庭成员间良好的沟通，互相协作，互敬互爱，营造和谐的家庭成员间的关系。

六、赛事承办

（1）承办条件：

①当地政府部门支持承办；

②承办城市具备举办本次活动的场地条件；

③承办城市向国家体育总局航管中心提出书面申请；

④按承办合同书支付承办费。

（2）承办权益：

①获得本赛事在举办城市的广告发布、经营权；

②获得本赛事在举办城市的招商权、纪念品开发权。

（3）承办责任：

①无条件接受主办方总冠名权益在本赛区的实现；

②负责承办地赛事宣传、推广工作和新闻发布会；

③负责承办地赛事现场组织管理、场地布置、安全保卫、救护等；

④负责向国家体育总局航管中心支付赛事承办费18.5万元人民币。

（4）国家体育总局航管中心权益和责任：

①拥有本赛事的总冠名权，冠名方式为"××杯第二届全国城市定向系列赛"；

②拥有赛事的电视转播权、新闻宣传机构的组织领导权和新闻发布权；

③拥有对广告内容，宣传方案及宣传品的审核权；

④负责本赛事的立项审批；

⑤负责制订适合承办地场地条件的实施计划；

⑥负责举办地裁判员、工作人员的培训工作；

⑦协助举办城市的赛事组织工作。

七、经费预算

国家体育总局航管中心组织管理费及办公费 60 000 元；裁判、工作人员培训 30 000 元；租用竞赛器材 10 000 元；地图修测、制图、印刷 25 000 元；号码布 10 000 元；考察、培训及裁判、工作人员食宿差旅费用 50 000 元。

主办单位介绍：

航管中心是国家体育总局直属事业单位，同时又是中国航空运动协会、中国航海模型运动协会、中国车辆模型运动协会、中国无线电运动协会、中国定向运动协会的常设办事机构，并履行对航空运动、模型运动、无线电运动、定向运动项目全面管理的职能。

航管中心负责根据国家的体育方针、政策，统一组织、指导全国航空运动、模型运动、无线电运动和定向运动的发展，推动项目的普及、提高，并通过多种经营，为所属运动项目的发展积累资金。

材料来源 —http：//www.chinadmd.com/file/uuevu3ctroaieiiios6vsrst_6.html

案例十二　自由攻略情景模拟真人 CS 作战方案（团训版）

一、战前准备

战前定向：更换服装、角色转换、讲述游戏规则、教授枪支使用方法。

目的：为一天的作战做好物资及心理准备，进入角色。

注意事项：一定穿着轻便运动鞋

提供物资：服装、枪支装备、饮用水、胜利之旗、教官 6～8 名、训导师两名、往返车辆。

自备物资：野餐食品、运动鞋。

二、战役流程

角色划分：

队长：1 名，象征企业领袖，阵亡后任务失败，回到本局起点；

队旗：1 名，象征企业文化，阵亡后任务失败，回到本局起点；

物资：1 名，象征企业财务、后勤，阵亡后任务继续，但要扣掉队员六分之一能量补给；

传令官：2 名，队长与分队长之间、分队与分队之间必须由传令官传递信息，否则罚掉队长一条命值；象征企业上传下达能力，阵亡后任务继续，但沟通阻断；

分队长：4 名，象征企业的部门经理，阵亡后任务继续。

第一场战役：寻找水源。

领取任务书：宣读当下局势，水的作用，寻找水源……

目的：

A.自主组建团队。

B.明确团队目标。

C.清晰团队领袖存在的作用及责任。

D.整合团队状态。

E.通过团队力量战胜敌人完成团队目标。

注意事项：在战役前将与人数相同的矿泉水隐藏在指定的地点，但要根据团队整合状况随时加以调整水的位置以增减团队完成任务的难易程度。

物资准备：准备任务书与参战人数相同的矿泉水。

第二场战役：斩首行动。

领取任务书：保护领袖的同时找到任务书3。

目的：

A.令领导清晰自己的责任与使命。

B.增进领导与下属之间相互的理解与信任。

C.引发团队内部矛盾，使团队进一步整合。使团队自我意识到，团队内部相互指责与抱怨只会削弱团队的能量，进而增加团队凝聚力。

注意事项：注意作战中人身安全。

物资：装有任务书3的子弹箱（提供）。

第三场战役：通信兵。

目的：

A.信息准确传达的重要性。

B.增强团队配合。

C.打造团队执行力。

物资：提供通讯站。

第四场战役：能量补给站。

目的：

A.团队协作能力。

B.越挫越勇的决心与信心。

C.增强团队执行力。

物资：将野餐食品集中放置。

午餐：

在进餐即将结束时，绑走一个队员，藏到战场隐蔽处。

第五场战役：解救人质。

目的：

A. 增进团队成员之间的彼此关心。

B. 增强领导的决策能力。

C. 增强团队战略战术的策划能力。

D. 进一步增加团队的凝聚力，提升各成员的参与意识，打造团队精神。

E. 提升队员聆听规则的能力，打破限定性思维，创造可能性。

物资：提供眼罩、对讲机。

第六场战役：无间道。

目的：

A. 增进团队成员之间的彼此信任。

B. 增强领导的判断与分析能力。

C. 提升团队抗外界干扰能力。

第七场战役：成功秘籍所在地。

目的：打造团队勇往直前的精神、敢于承担的决心。

物资：《成功秘籍》。

第八场战役：夺旗（胜利到达集结地）。

目的：打造团队共赢精神、感恩彼此。

物资：胜利之旗。

总结分享：

结合生活与工作，与大家分享这一天的战役带给自己的感受与收获，对自己的未来生活与工作有哪些提示？

自选战役：对攻自由赛（娱乐版）。

目的：放松、娱乐。

沈阳市自由攻略真人 CS 野战营

2009 年 5 月 6 日

参考文献

[1] BACON，STEPHEN.The Conscious Use of Metaphor in Outward[M].Denver: Colorado Outward Bound School，1983.

[2] （英）柯林.彼尔德，等，著.体验式学习的力量 [M].黄荣华，等，译.中山：中山大学出版社，2003.

[3] （美）约瑟夫·派恩，等著.体验经济 [M].夏叶良，等，译.北京：机械工业出版社，2002.

[4] （美）盖瑞·凯朗特.户外游戏培训大全 [M].陈平，等，译.北京：企业管理出版社，2003.

[5] 郝光安.攀岩 [M].北京：高等教育出版社，2007：108.

[6] 川丁，绍虎.野外生存 [M].石家庄：河北科学技术出版社，2005.

[7] 陈小蓉，定向运动与野外生存训练 [M].中山：中山大学出版社，2003.

[8] （英）亚历山大·史迪威.野外生存百科全书 [M].卫平，穆金，译.济南：明天出版社，2002.

[9] （英）雷·米尔斯.野外生存基本技能 [M].未名千语，译.重庆：重庆出版社，2006.

[10] 钱永健.拓展 [M].北京：高等教育出版社，2009.

[11] 毛振明，王长权.学校心理拓展训练 [M].北京：北京体育大学出版社，2004：117.

[12] 钱永健.拓展训练 [M].北京：企业管理出版社，2006.

[13] 陶宇平.户外运动与拓展训练教程 [M].成都：电子科技大学出版社，2006：46.

[14] 韩庭卫.户外拓展训练全书 [M].广东：广东经济出版社，2006：170–217.

[15] 李娜.拓展训练引入重庆市高校体育课程的研究 [D].重庆：西南大学，2010：28–29.

[16] 国家体育总局职业技能鉴定指导中心组编.户外运动 [M].北京：高等教育出版社，2012：08.

[17] 厉丽玉.户外运动与拓展训练 [M].浙江：浙江大学出版社，2012：01.

[18] 张惠红，陶于.定向运动与野外生存 [M].北京：高等教育出版社，2006：190.

[19] 陶宇平，彭福栋.学校拓展训练 [M].北京：人民体育出版社，2008：162.

[20] 谢恩杰，李萍美，程丽珍.学校拓展训练 [M].北京：中国科学技术出版社，2007：164.

[21] 张雅杰.户外拓展运动对青少年网络成瘾的干预研究 [D].武汉：武汉体育学院，2009：35.

[22] 李金芬，周宏伟.拓展训练 [M].北京：中国水利水电出版社，2010：132.

[23] 张亚琪.关于将拓展训练引入大学体育课的思考 [J].辽宁体育科技，2003，25（4）：73-75.

[24] 朱奇志，王安翔，邓艳香.高校开展拓展训练对大学生综合素质的影响 [J].体育科技，2009，30（4）：13-16.

[25] 唐建倦，贺仕刚，周玻.心理拓展训练的体育教学价值思考 [J].山东体育学院学报，2006，6（22）：127-129.

[26] 傅涛，李健，郝选明.拓展训练价值功能的探讨 [J].运动·博士论坛，2009，12（4）：7-9.

[27] 王长权，高林，李笋南.论大学生参加拓展训练的价值 [J].沈阳体育学院学报，2005，24（3）：115-116.

[28] 张凡.拓展训练对提高体育集体项目运动员团队精神的研究 [J].北京体育大学学报，2006，29（10）：150-151.

[29] 高彩琴，蔺新茂，赵超君.谈拓展训练促进心理发展的条件与价值 [J].体育教学，2004（3）：15-17.

[30] 胡玉华，朱小毛.体育教学中运用拓展训练提高大学生心理素质分析 [J].上海体育学院学报，2006，30（3）：88-91.

[31] 马志强，等.拓展训练对普通高校毕业生就业观念影响的实验研究 [J].首都体育学院学报，2004，16（2）：13-14.

[32] 黄静，熊昌进.攀岩运动 [M].上海：上海科学普及出版社，2005.

[33] 马洪宇，工斌.登山、攀岩与野营入门 [M].南京：江苏科学技术出版社，2001：08.

[34] 张凡涛，宋金美.拓展训练引入高校专业体育课的理论分析及实验研究 [J].四川体育科学，2005，6：94-99.

[35] 王龙飞，刘沛等.浅析拓展运动在高校体育中的开展 [J].首都体育学院学报，2005，17（6）：105-106，123.

[36] 胡仲秋，沈纲.高校体育教学引入拓展训练模式的探讨 [J].伊犁师范学院学报，200：（3）：110-112.

[37] 郑茂雄.体验式培训：公共部门人力资源开发的新视角 [J].广西社会科学，2005，2(11)：117-118.

[38] 剑峰，高绪秀.高校开设拓展训练课程的必要性、可行性 [J].体育科研，2010，31（2）：91-93.

[39] 金芬.高校拓展训练课程教学体系的构建 [J].上海体育学院学报，2010，32（1）：80-82.

[40] 杨成.经历、体验、成长 [M].广州：广东人民出版社，2004.

[41] （美）伊迪·韦斯特.破冰游戏 [M].冯涛，等，译.上海：上海科学技术出版社，2003.